高校体育教学的理论与实践研究

润 波 张彩霞 赵本磊◎著

吉林出版集团股份有限公司｜全国百佳图书出版单位

图书在版编目（CIP）数据

高校体育教学的理论与实践研究 / 润波，张彩霞，
赵本磊著. -- 长春：吉林出版集团股份有限公司，
2024.1

ISBN 978-7-5731-4603-8

Ⅰ. ①高… Ⅱ. ①润… ②张… ③赵… Ⅲ. ①体育教
学-教学研究-高等学校 Ⅳ. ①G807.4

中国国家版本馆 CIP 数据核字（2024）第 046065 号

高校体育教学的理论与实践研究

GAOXIAO TIYU JIAOXUE DE LILUN YU SHIJIAN YANJIU

著　　者　润　波　张彩霞　赵本磊
责任编辑　蔡宏浩
装帧设计　万典文化
开　　本　787 mm× 1092 mm　1/16
印　　张　12.5
字　　数　260千字
印　　数　1—1000
版　　次　2024 年 6 月第 1 版
印　　次　2024 年 6 月第 1 次印刷

出　　版　吉林出版集团股份有限公司
发　　行　吉林音像出版社有限责任公司
　　　　　（吉林省长春市南关区福祉大路 5788 号）
印　　刷　吉林省昌信数字印刷有限公司

标准书号　ISBN 978-7-5731-4603-8

定　　价　60.00 元

PREFACE 前　言

随着我国计算机和网络技术的不断应用，现代化教育技术在体育教学过程中发挥着重要的作用。基于此，围绕高校体育教学中的现代教育技术应用特点展开研究，通过分析现代教育技术在高校体育教学中的应用的现状和教学优势，结合高校体育教师的教学特点，探究了高校体育教学应用现代教育技术的策略，以期进一步提高体育教学质量。高校必须加强对体育教师计算机应用能力等现代教育技术操作应用能力的重视，引导体育教师不断学习新的教学技术和教学方法，在此基础上对学生进行更加全面的引导，帮助学生养成正确的体育锻炼方法，从而构建更为优质的高校体育现代教育技术应用体系，为体育教学提供新思路，切实提高高校体育教学质量。

本书首先对高校体育教学的基本理论、高校体育教学的课程设置做了简要介绍；其次阐述了高校体育教学改革的思想基础，其中包括"寓德于体"教育思想、"寓智于体"教育思想、"寓美于体"教育思想以及"寓乐于体"教育思想；再次分析了高校体育教学方法的改革与创新，让读者对高校体育教学方法研究有了全新的认识；然后对现代学习观下的高校体育教学模式、高校体育实践能力培养进行了较大幅度的改进，最后从多维度阐述了高校体育教学渗透心理健康教育，充分反映了21世纪我国在高校体育教学方面的前沿问题，力求让读者充分认识高校体育教学研究的重要性和必要性。本书兼具理论与实际应用价值，可供广大体育教学相关工作者参考和借鉴。

为使本书更具学术性和严谨性，作者在编写本书的时候，参考了很多的文献，还援引了众多专家和学者的研究成果，由于版面所限，无法一一列出，在这里，作者向读者致以衷心的谢意。因为时间紧迫加之能力有限，所以本书难免存在不足之处，还请大家多多指正。

CONTENTS 目 录

第一章 高校体育教学导论

第一节 高校体育教学概述

一、高校体育教学的性质

高校体育教学具有身体练习和思维活动相结合；以户外环境为主，强调的是使学生身体的时空感觉得到发展，还要实现需要机体的自我体验与操作等多种特征。此外，高校体育教学活动是一种需要教师与学生同时参与的双边活动。我们应该需要进行提炼与思考的内容是保证师生双边活动顺利开展的媒介是什么？对此，大部分人的观点是身体练习活动就是师生双边活动的重要桥梁，然而，笔者的观点有所不同，笔者认为如果仅仅将身体练习认定为师生双边活动的媒介，那么是不够准确的，对此原因有以下几个。

（1）对于动物而言，它们也存在身体的各种练习活动，例如，即便是动物经过了驯养，具有了相对高超的运动技术，但是，动物的运动行为和人的运动练习行为是非常不同的。动物知识拥有单纯的运动行为，而人的运动学习行为会包含两种内容，即身体的练习活动与大量的思维活动。

（2）如果将体育教师与学生的双边活动理解为单纯的身体练习活动，那么就很容易使体育学科地位较低的思想观念形成，之前人们常说的"下里巴人"，就是对体育人及其学科的误解。

（3）在其他学科教学活动开展的过程中，教学的中介主要是知识和技能，但是对于体育学科而言，其身体练习活动并不是知识，也不是技能。这一词汇代表的是一个过程，所以，我们就需要对其他学科的一个比较相似的词汇进行借用，笔者的观点是，相比身体练习，运动技术更加合适。关于运动技术的解读，具体如下。

关于运动技能，由于其是知识与技术的中间形态，因此，我们要从操作技能的概念，以及其形成的层面上出发来解析运动技能。

所谓的操作技能，主要是指一种合乎法则的，通过学习活动而形成的活动方式。一般来讲，操作技能所包含多个特征，而这些特征也是同其他事物本质相比存在差异的地方，我们常常称它为"概念的种差"。

具体的解释是：

（1）合乎法则。此种差同一些日常生活中的随意运动是存在一定不同的；

（2）通过学习获得。此种差同其他的人体本能行为是有区别的；

（3）活动方式。该种差同知识是存在差异性的。究其原因，主要是因为知识为活动的；

（4）开展明确了方向。而对于活动而言，技能则是存在控制执行的作用。

操作技能的重要分支之一就是运动技能。对于运动技能而言，其形成主要包含以下几个阶段，即认知动作的阶段、联系动作的阶段、完善动作的阶段。这里面认识动作的阶段同知识和技能之间存在着十分密切的联系，其最终目的在于对活动操作的要素、关系与结构等进行认识。运动技术可以认为是一种"知识"，这是由于知识是事务联系与属性的组织和信息。即便是在没有人掌握它的时候，运动技术就已经是客观存在的，这也是人类文化知识的重要组成部分之一，是前人积累下来的宝贵运动文化遗产。

然而，如果将运动技术解读为知识，那么就会导致它同本来学科的知识与技能互相重复了，导致两个知识与技能的情况出现，很明显逻辑不通。所以，在表述的过程中，应该对另一个词汇进行使用，笔者认为，阐述时采用运动本体与动作的概念是很恰当的，也就是说，从动作概念的角度对动作技术进行了解，就能够解析为"运动操作知识"，例如，田径、体操、游泳等运动技术，如果能够学会、掌握这些运动技术，那么就能够促进运动技能的形成。从上述的分析中我们可以得知，在本质上，高校体育教学就是运动技术教学，再具体一点就是运动操作知识，当学会了运动操作知识，运动技能就得以形成。如果高校体育教学的户外环境因素能够有效利用，那么就会排除像羽毛球运动一样的大量体育运动项目的可能性。所以，在高校体育教学的本质特征中，户外环境为主等内容并不包含其中。

二、高校体育教学的特点

同上述高校体育教学的性质相联系，对于高校体育教学和其他学科教学活动间存在的不同之处，主要包含以下几个方面。

（一）运动知识传承的可操作性

体育运动知识指的是身体知识，这一点也是体育运动同其他学科相比，最为明显的差异之处。值得注意的是，这种身体知识人类知识发展过程中特殊认识的一种，同时也是人们对自然外部知识的追求逐渐向人体内部知识进行转移的结果，更是一种面向人类本体、人类本身与人类自我的挑战。

现阶段，教育界对于学生的主体性地位给予了肯定与重视，而这样对人类自我知识的再度追求，不仅仅对高校体育教学的特殊性进行了展示，同时还使得高校体育教学具有了传承知识的重要意义。从这个角色上来讲，高校体育教学并不是传统意义上的"下里巴人"，而是对身体知识进行传承，而身体知识是一种能够实现人类自身感觉真正回归的知识，并且也是科学知识的一种，只是没有发现与挖掘这种知识的重要性而已。可以想象的是，这类知识在未来肯定会受到人类的广泛认可、关注，并能够在人类身心健康的相关研究中被广泛应用。

（二）教师与学生身体活动的频繁性

在高校体育教学开展的过程中，教师对于运动项目的动作需要不断进行示范、指导与反馈，这主要是因为身体知识来源于身体的不断实践与操作，同时，对于学生而言，也需要身体的操作和体验，如果想要学习、掌握运动技能，就需要反复地进行身体的操作和演练。因此，在体育课堂教学开展的过程中，教师和学生身体活动会比较频繁，这一点也是体育课程教学同其他学科教学之间的不同之处，其他学科的课程教学只需要在室内开展就可以，只是需要相对保持安静，只有这样才能够使学生的思维得到激发，同时促进良好学习效果的确定。而高校体育教学的情况则是不同，在高校体育教学实践活动开展的过程中，不仅有学生身体的强烈活动，还有学生体验的欢快情绪，上述的都是体育课程教学的外部表现行为，只有自然与纯真，而不存在文化渲染。

（三）学生身心合一的统一性

体育从本质上来讲，就是自然改造人自身的过程，强调生理机能和形态结构统一的同时，还强调身心的和谐发展。在高校体育教学活动开展的过程中，不仅要对体育文化的传承进行追求，还要使学生的身体改造得到一定的促进，同时，还要使学生否认心理素质与社会适应能力得到强化。高校体育教学开展过程中，营造了许多生动的情境，这一点也是其同智育教学间的差异之处，为学生心理素质的发展与社会适应能力的提高创造了良好条件。

所以，高校体育教学过程同辩证唯物论的观点是相符的，讲究身心发展的统一性。身体发展是基础，而身体的发展支持了心理发展，同时，心理的发展还能够对身体的发展起到促进作用。高校体育教学开展过程中身心合一的统一性，主要会在三个方面体现出来。

（1）高校体育教学内容要注重对学生各种能力和素质的培养，注重心理与社会的适应性培养，符合社会学和心理学等方面的要求。

（2）体育教师的教学方法和教学组织必须要同学生的身心发展规律相符，在反复的动作与休闲交替过程中，使学生的健身目的得以实现。练习活动与休息在一定的范围内，合理地交替进行，因此，学生的生理机能变化会将一条波浪式曲线呈现出来。

（3）体育课程教学同学生的年龄特征与心理特征也是相符的。学生的心理活动所呈现出来的曲线图像是高低起伏的，而这种生理、心理负荷的波浪式曲线变化规律，使高校体育教学的鲜明节奏性与身心统一性、和谐性得到展现。所以，体育教师在对各种教法与组织进行安排的过程中，应该充分考虑学生的心理特征，只有这样才能够使学生的身体发展得到促进，使学生的兴趣爱好与积极性得到有效激发，进而促进高校体育教学功能的有效发挥。

（四）体育教学过程的直观形象性

在体育课程教学开展的各个过程中，都对鲜明的直观形象性进行了体现。例如，对于体育教师而言，其讲解不仅仅要同其他学科教师讲解的基本要求相一致，还要使用有趣贴切、形象生动的语言，艺术性地加工所要传授的东西，将语言简单化，使学生对教学内容加深感知。同时，体育教师需要应用特殊的演示形式，通过动作示范、优秀学生的示范、学生正误对比示范、人体模型、动作图示、教学模具等直观的、形象地进行展示，从感官上使学生对动作进行感知，使清晰的、正确的运动表象进行建立。通过直观的动作演示，学生能够将得到的表象同思维紧密联系在一起，使体育知识与体育技能掌握的目的得以实现。

高校体育教学管理与组织的过程也使直观形象性得到体现，学生的行为都是直接的、外显的、可观察的，所以，体育教师的一言一行能够发挥榜样的功能，无形地使学生的身心得到教育，进而直接的、真实的、显现的表现在课堂上，尤其是在学习活动与运动开展的过程中，学生会将其最为真实的一面通过一言一行表现出来，此时是体育教师观察、帮助和反馈的最佳时机。

（五）体育内容的审美情感性

体育课程教学的美，最直观的表现是运动开展过程中教师与学生的人体美与运动美。通过运动塑身，教师和学生身体各部分线条的美与身体比例对称的美得以形成，并且人体运动的美也在这一运动过程中得以实现，上述的这些都是外显的内容。其次，在运动开展过程中人体的精神美也得以实现，例如，在运动开展的过程中，需要对生理障碍和心理障碍进行克服，使高校体育教学目标得以顺利完成，使得礼貌、谦让和谦虚等风范得到体现。高校体育教学活动不仅展示了人体美和精神美，还使得高校体育教学内容的审美性得到体现。每个运动项目都对审美特征和美学符号进行了不同的表述，例如，对于球类运动项目而言，不仅使个人的运动优势得到展示，对于群体互助、协调和合作等人际素养也要兼顾到；对于田径运动而言，不仅使学生个人的运动天才得到表现，同时，也展示了永不言败、永远没有第一的豪气；对于乒乓球运动项目而言，使东方人的技艺与灵巧得到展示，等等，而这些内容都是前人累积的经验总结，经过教师的加工传授给学生，以此让学生去感知，获得身心健康的全面发展。此外，高校体育教学活动作为一种社会活动，具有一定的创造性，教师与学生共同营造的教学情境在精神上能够给人以启迪，令人回味。

（六）客观外界条件的制约性

同其他学科教学相比，高校体育教学的另外一个不同之处就是，高校体育教学效果很容易受到外界各方面的影响和实际客观情况的约束，例如，学生的性别、年龄、生理特点、心理特点、体质强弱与运动基础，体育场地、起草设施、客观气候条件，等等。上述的这些因素都会对高校体育教学质量存在不同程度的影响。由高校体育教学对象的层面上而言，高校体育教学应该使教育的全面性得以实现，在运动基础方面区别对待不同水平程度学生，同时，还要针对学生的性别、年龄、生理特点、心理特点与体质强弱等方面的实际情况实现区别对待。例如，在机能水平、身体形态、运动功能与运动素质等方面，男女学生也会存在明显的不同，因此，在教学选择、教学设计和教学组织等方面就应该对性别差异进行考虑。如果没有对这些特点给予足够的重视，盲目教学，不仅会导致体质增强的教学效果很难实现，还有可能会导致学生安全方面的风险得到增加。

由高校体育教学环境的层面上而言，鉴于室外存在较多的影响因素，所以，体育课堂教学一般会在室内开展，例如，空中的意外声响、马路上的汽车声，等等。此外，学生的视野也更加广阔，使学生的注意力非常容易分散，

当然，也有一些不可控因素的存在，例如，天气因素等，都会干扰到高校体育教学过程。同时，体育课程教学在体育场地、器材设施和客观气候条件等方面存在较高的要求。所以，体育教师在制定学年高校体育教学计划、课时具体计划、选择教材内容、实施教学组织方法的时候都应该对上述的这些影响因素与客观因素进行考虑，使各种因素的感染尽量减少，促进高校体育教学效果与质量的提高，此外，体育教师还应该对酷暑、严寒等自然条件进行利用，使学生适应环境的能力得到培养。

第二节　高校体育教学的课程设置

一、美国高校与中国高校体育课程教学概况分析

（一）美国高校体育课程教学概况

通过查阅、整理、分析相关的文献资料可以得知，对于美国高校而且，其体育课程教学的主要管理模式是俱乐部制度，对于体育运动锻炼项目，学生能够自主地进行多样化选择，通过对学生需求、兴趣与满意程度的相关调查、了解，教师能够设立不

同类型、不同内容的体育运动科目。同时，体育课也具备丰富多样的组织形式，例如，有一些高校在必修课程或者是选修课开设的时候，会批准、安排学生开展远足活动、爬山旅行等，相关的一些费用需要学生自理，之后他们会获得学位中的一定学分、体育必修成绩或者选修成绩。

在体育教学活动开展的过程中，强调的是学生参与其中的一个过程，与此同时，强调的是通过体育相关锻炼活动，学生能够获得一定的情感体验，对于校内外、课内外一体化的建设问题学校要给予足够的重视，在体育教师的问题上，美国高校采取的措施通常是招聘制度为主，且实施严格的管理制度，讲究教育的实质与学生满意度，在评判教学效果与是否对教师进行聘用的决定性因素就是教师受学生的欢迎程度。

（二）中国高校体育课程教学概况

在 20 世纪 80 年代中期以前，注重的是规范、统一，对教学内容与教学计划的连续性与完整性进行强调；体育教师占据教学的主体地位。在安排、具体实施体育教学工作的时候，主要通过人体功能的活动变化规律与运动技能的学习规律来确定。

二、高校体育课程设置体系与模式

（一）高校体育课程设置体系分析

通过对我国高校公共体育课程的相关分析可以得知，在课程设置方面，已经形成了主要模式以选项课为主导的高校体育课程设置体系。

（二）高校体育课程设置模式

在高校体育教学改革和实践开展的过程中，对于现代体育教育思想进行了全面地贯彻，而我国的各个高校都已经对体育课程模式的改革活动进行了不同程度的实施，在经历了一定阶段的发展、"聚类"和"沉淀"以后，可以将这些模式进行五种典型类别的归纳、总结。

1. 体育选项课模式和"校定特色体育必选（通）课"模式相结合

我国的部分高校已经对与一年级、二年级的体育选项课的主体教学模式进行了建立，其中比较有代表性的是清华大学，同时，还对校定特色体育必通课进行了设立，并规定对于校定特色体育必通课课程设置模式的基本考核标准，要求高校的每一位学生都要通过。例如，在清华大学中，每一个男生都必须要能够学习、掌握 200 米游泳技巧；每一个女生都必须要能够对一套健美操进行创编；在我国的浙江工业大学中，要求每一个人都能够达到"十二分钟跑"'测试标准，同时，还要对体育课程"课内外一体化"的构建与发展问题给予足够的重视，同时对于"两条腿走路"的工作路子要进行全面实施。应用体育选项课和"校定特色体育必通课"相结合的模式，首先需要充足的体育师资力量配备，同时还要学校政策的支持与财力支持，保证较好的教师工作待遇，等等，只要这样才能够提高学生的体育基本素质，增强学生的体育锻炼意识。

2. "完全教学俱乐部"模式

关于"完全教学俱乐部"模式的在我国部分高校的应用，比较具有代表性的是我国的深圳大学。这一模式的主要思想是按照学生的体育学习兴趣与爱好，对于体育教学俱乐部模式全面进行实施，学生能够对体育运动项目、体育运动实践、体育教师完全自由地进行选择，同时，还把体育课程教学的俱乐部逐渐向外发展，延伸到课外体育俱乐部的形式，通常来讲，在"完全教学俱乐部"模式中，主要对指导制的形式进行了应用。在应用"完全教学俱乐部"模式的时候，通常要求条件优良的体育教学场馆设备条件，同时，对于吸引力也有一定的要求，此种教学模式属于教育制度中的完全学分制，此外，还要求学生具备较好的体育基本素质与较高的体育锻炼积极性和体育自我锻炼的意识，且具备良好的体育学习习惯与体育能力，充分保证体育课程教学的时间，在完善的、专业的师资结构下，使学生的体育学习需要得到充分满足。

3. 体育教学俱乐部模式和体育选修课模式相结合

我国的部分高校对于网上自由选择体育课程、选择时间和体育教师的完全体育教学俱乐部模式进行了建立，其中代表性比较强的是我国的浙江大学。其中，它们仍旧按照班级授课的方式开展体育教学活动，并且通过学期选修课或者必修课形式的应用实施体育教学管理。从实质上来讲，体育教学俱乐部模式是存在于完全教学俱乐部模式和体育选项课模式之间的一种教学模式，在使用此教学模式的时候，对于体育师资与项目群的一定储备存在要求，学生要具备较强的选择性，同时，还离不开体育教学专门选课系统的有力支持。值得进行说明的是，同完全教学俱乐部模式相比较，此种模式没有那么高的体育教学硬件设施要求，在课程选择的可选择性问题上，学生很难不受到课程设置模块、课程授课时间和师资力量的制约。

4. 体育基础课模式和体育选项课模式相结合

我国的部分高校已经对于一年级基础课、二年级选项课，或者是第一学期基础课、第二、三、四学期的体育选项课教学模式进行了建立，其中比较具有代表性的是浙江中医学院。通常来讲，体育基础课授课形式是行政班级的方式，而体育选项课则是按照实际报名情况或者网上选择的具体情况来对体育班编制的方式开展的。此模式对于身体素质发展的重要性进行了较多地强调，这对于校定特色体育与一些传统体育运动项目教学与考核的顺利展开是非常有利的，同时还能够促进体育教学组织管理工作的全面实施。

5. 体育选项课模式和体育教学俱乐部模式相结合

我们这里所说的体育教学俱乐部模式，将职业实用性体育内容包含在内。我国的一些高校已经设立了上述的教学模式，特别是高职类院校基于二年级的体育选项课和二年级专业相关的"准职业岗位"特殊的体育能力需求与体育素质要求，其中代表性比较强的是浙江职业金融学院。此种模式对于体育教学的实用性功能进行了强调，把就业作为导向，作为一种新型的模式，将"准职业"人员的岗位特殊体育活动能力与体育素质培养作为主要目标。

三、体育课程发展的动力机制

（一）我国体育课程发展的外部动力

所有改革的出现都是基于一定动力的推动，同时，也少不了与之相对应的改革、发展动力机制。此种结论也适用于体育教学改革，对于体育教学改革的动力进行深入地分析，对于他们之间存在的作用机制与内在联系进行探讨，能够促进我们对体育教学改革的目标正确认识，对于相应的程序、方法和措施有针对性的进行选择，同时能够保证高校体育教学改革的顺利推进。

1. 体育教学改革动力机制的内涵

动力原是物理学的一个概念，之后被引申为能够对事物的运动与发展起到引发与发展作用的力量。众所周知，能够对于体育教学改革起到推动力量在现实的实践活动中存在的不仅仅只有一个，由于多种推动力的合力作用促使了实际改革的发生。我们一般可以将这些能够对高校体育教学起到推动作用的力量当作是一个系统，它们经常会在体育教学的改革活动中同时作用。机制，这一词汇，是从希腊文"mechane"一次衍生过来的，只有一直在其他的学科与领域中广泛地应用，用来对自身运动的行为机理层次与关系进行说明。关于机制的定义，在社会科学的研究领域中是内在联系和联系方式的一种，存在于事物或者现象的各个部分之间。

所谓的动力机制，只要是指功能型机制的一种。它一般指的是事物之所以发展、运动和变化不同层次的各类推动力量，此外，还包含他们之间互相练习的方式、机制与过程。从本质上来讲，是指存在于动力和事物运动、事物发展之间的内在联系。

同其他的事物一样，动力机制的存在也是作为一个系统，同时，这个系统具有层次多、要素多和复杂等特点。动力因素不仅仅存在于事物及其普遍的联系中，同时还存在于食物内部各构成要素间的相互依存和相互作用之中，从结构的层面上来讲，动力机制存在自己的联系方式。

由上述的认识可以得知，关于体育教学改革动力机制的理解，也就是高校体育教学改革的动力机制，指的是体育教学改革得以发生与发展的各种不同层级的力量，还有它们之间互相关联的方式、过程与机制。

2. 体育教学改革的动力因素

马克思唯物主义学说的观点是，事物之所以出现改变，可能会由于多种因素，根据它的来源，可以将这些动力因素分成两种，即外部动力因素与内部动力因素。据此，我们把能够对体育教学改革起到推动或引起作用的动力进行两种类别的划分，即内部动力与外部动力。在本书的此处，对于体育教学改革推动或引起的动力，我们将从以下两个方面展开具体分析。

（1）体育教学改革的外部动力因素。

高等学校作为系统性的一个存在，还是体育教学改革中的主体。如果我们把学校作为一个分界线，那么学校内系统存在于边界内，而学校外系统存在与边界外。体育教学改革的外部动力，也就是能够对体育教学改革起到引发或推动作用的高等学校外系统的力量。

1）政治动力：政治力量的"政策牵引"。

政治力量能够对体育教学改革产生一定的影响作用与推动作用，主要方式是政治牵引，即通过对相关政策与法律文件的制定，实现政府对体育教学改革的影响与推动。体育教学的职能、课程设置、教学方法、师资力量、招生对象与培养目标等多个方面都产生了重要改变，

对于国家经济发展所学的高级应用型人才进行了大量的培养。就像是有的研究学者表述的那般：只要一提及我国高校教育领域中的教学改革，最先出现在人们脑海的肯定是一种自上而下的运动，一般它的推行都是由中央政府进行主导的，中央政府相应地制订了政策和规定，同时强制性的强调下面的相关教育管理人员与教职人员必须要按章办事。

2）经济动力：推动经济的发展与变革。

对于体育教学改革而言，经济发展是其比较关键的、外部的一种力量，它能够强烈推动、促进体育教学改革的具体实施。所以，为了能够同经济发展相适应，同时从奠定未来经济发展基础出发，高等学校相应的教育教学改革就需要不断地开展。如果高等学校一直保留陈旧的体育教学内容与传统的体育人才培养模式，那么就不能同经济发展变化相适应，同时，高校体育培养出的人才同社会的需求与经济的发展也很难相适应。，如此一来，不仅对于社会经济的发展会造成一定制约，同时还会阻碍高等学校的生存和发展。在经济结构改革的情况下，从某种程度上也对高校专业结构和学科结构的相应变化也起到了一定的促进作用。

3）科技动力：科技发展进步的驱动。

从人类社会的发展历程上可以看出，每一次科学技术的重要变革，都不可避免地会促进

人类社会进步的巨大和生产力改变的重大。尤其是对于科学技术而言，在现代社会已经在社会生活的各个方面中渗透，作为一种动力，在一定程度上对于社会的变革与经济的发展起到了强烈的推动作用。

科学技术作为一种强大的动力，能够对社会变革与经济发展起到一定的促进作用，同时，还能够促进、推动高校教育教学的改革与发展。同科学技术的革命性相比，

高校教育教学是一项传统性很强的事业，表现出了较大的惰性。一旦教育教学形成了某些形态，通常会持续长达数十年，甚至是数百年。但是，科学技术却最活跃的、革命性的。

在体育教学改革问题上，科学技术的进步和发展所发挥的推动作用，总结起来会有以下几种表现。

①对于一些传统体育教学观念的改变，科学技术的进步和发展能够起到一定的推动作用。例如，在现代科学技术不断的发展中，呈现的主要趋势是高度综合与高度分化同时存在，同时主流为高度综合。此种趋势在一定程度上冲击了高校体育人才的培养工作，给其带来压力，同时，它还能够促进高校体育教育传统的思想观念，即专业教育的开展与专业专家的培养，并且，使基础拓宽、通识教育和文理兼通的思想得以逐步树立。

②对于高校课程内容与专业设置的更新，科学技术的进步与发展能够起到一定的推动作用。高校专业设置的基本理论根据就是科学的学科门类。伴随科学技术的综合发展与分化发展，同时，在科技革命导致衍生学科日渐增多的情况下，高校体育也逐渐产生了更多的新专业。尤其是能够将科学发展综合趋势反映出来的边缘学科与交叉学科，逐渐增加了高校的跨学科专业。高等学校是对知识进行传承、对知识进行发展的重要场所，在高等院校中，科学技术的存在就是充实高校体育教学内容，所以，科学技术的进步和发展必定能够促进高校体育课程内容的不断更新。

③对于高校教育教学手段与方法而言，科学技术的进步与发展能够起到一定的推动作用。

现代科学技术的方法与手段通过科学技术的进步和发展被向高等学校引入，使得传统的体育教学设备与教学方法得到改造，促进全新科学体育教学方法的形成，使得全新的体育教学技术手段得到配置。例如，调查法、实验法、观察法、实习法、比较法等现代高校体育教学方法，都是同现代科学方法相适应的。此外，伴随许多科学发明成果在高校体育课程教学中的不断引入，例如，投影仪、幻灯机和计算机，等等，根本性的革新了体育教学手段。

④对于高校体育教学组织形式的改变，科学技术的进步和发展起到了一定的推动作用。高校体育教学组织形式的改变，是基于现代科学技术的进步和发展，尤其是网络技术与计算机技术的产生与应用，同时，也将一定的可能性提供出来。在科学技术

进步和发展的推动下，高校体育教学的组织形式逐渐转变成多元化的组织教学形式，例如，计算机网络教学、远距离教学、个别化教学和班级教学，等等，而不再是传统的集中教学形式，即班级授课制。

4）文化动力：思想观念更新的引领。

通过政治、经济和科技文化之间的互相比较，可以得知文化和高等教育之间存在着非常悠久的历史传统联系。由于人们的社会心理、价值观念和思想意识是文化的最直观表现，因此，文化给体育教学带来的影响同政治、经济、科技对于高等教育的影响相比自然也会显得更加深刻和隐蔽。人们在高校体育教学实践开展的过程汇总，对于此种潜在作用也很难进行重视。这就需要在对体育教学改革的动力因素进行分析的过程中要给予足够的重视。

在体育教学改革不断深入开展的过程中，我们这里所说的文化动力通常会在观念和思想的革新能够引领体育教学改革上面体现出来，换句话说，对于体育教学改革来讲，新的思想与新的观念能够对其产生一定的引领作用与促进作用，因此，文化是能够推动体育教学改革的重要力量。此外，在这一问题上，对于这些思想的改革和传播实践人们想要完全地进行区别是非常困难的，之所以这样的原因在于这些思潮从本质上来讲就是指导思想的一种革命、变革，这种成效只有经过了实践，人们才能够普遍地接受。

5）竞争动力：校际之间竞争的压力。

伴随社会主义市场经济体制的逐步建立，以及高校办学自主权与规模的扩大，我国高等院校间的竞争也逐渐越来越激烈，在竞争的浪潮中不断有更多的大学进入，使得竞争逐渐成为客观存在的一种。同时，由于我国高校教育国际化进程的不断加快发展，导致我国高校呈现出日渐普遍化的国际竞争参与现象。对于高校而言，不管是国际范围内的竞争，还是国内范围内的竞争，都能够很好地促进体育教学改革的发展。尽管从本质上来讲，高校与高校间的竞争是全方位的一种竞争，主要包含生源竞争、荣誉竞争、经费竞争和就业竞争等多个方面的内容，然而，实际上我们可以归结这些竞争为一点，即都属于教育教学质量竞争的范畴。

在国际竞争与国内竞争逐渐激烈发展的过程中，如果高校想要使自身的竞争实力得到提高，就必须要对自身的竞争优势进行树立，并且要在教育教学方面投入更多，对于体育教学或者是人才培养模式的改革更加积极展开。

（2）体育教学改革的内部动力因素。

我国这里所说的体育教学改革内部动力因素，主要是指高等院校系统内部能够对体育教学改革起到推动与引领作用关键性力量。一般来说，体育教学改革的内部动力因素主要包含四个方面的内容。

①直接动力：使高校教育教学弊端得到克服的需要。

在 20 世纪 90 年代，原华中理工大学进行了数次的调查研究，并得出了结论，即在人才培养的过程中，本校存在的弊端是：轻人文重理工、轻综合素质重专业技能，因此，该校在全国高校中，对以使大学生文化综合素质得到提高为目的的教学改革进行率先开展。经过多年的不懈努力，使文化素质教育向多样形式发展，而不再是单一形式，从造势直到自觉，从局部的试点转向全面的展开，一种科学和人文相结合、高雅和通俗相结合、课内和课外相互补、教师和学生友好互动的全新局面被展开，在使本校大学生文化综合素质得到极大提高的同时，还使得全国教育教学整体水平的提升得到带动。

②根本动力：使高校人才培养质量得到提高的需要。

对于高校教育教学中存在的缺陷与弊端进行克服，仅仅是推动或者是诱发体育教学改革的内部直接动力因素，体育教学改革活动得以顺利展开的内部动力因素，从本质上来讲，就是提升自身的人才培养质量，对于高校教育教学的人才培养工作而言也不例外。

所以，对于高校教育教学工作而言，对其优劣进行社会评价、检验的基本标准就是，对其人才培养质量的优劣进行判断。而高校为了能够使自身的人才培养质量得到提高，也少不了要对体育教学思想不断地进行更新，对体育教学内容进行革新、对体育教学方法进行改进、对人才培养模式进行改革，等等。通过对高等教育发展历程的考察可以得知，高等学校教育教学改革的开展最终目标是使人才培养的质量得到提升，在现代高等教育业全面发展的我国，这一点也能够得到明显地体现。

③基础动力：改革主体的自我变革推动力。

在对体育教学的内在动力进行套索的过程中，对于改革活动中的人要进行分析，即体育教学改革主体的作用。

首先，对于学校的主要管理者来讲，其承担的角色主要指某一所高校的校长或者是相当级别的学校领导。对于高等院校的发展起源与历史进行考察就能够得知，在学校改革与发展的历史过程中，校长始终都承担着领导的重任。通常而言，校长本身存在着一定的权利、组织权威和个人影响力。对于学校内教育教学管理方面、机构设置问题上、人事管理、经费使用方面等存在领导权力。所以，校长在体育教学改革过程中占据着核心位置，不仅是体育教学改革的领导者、策划人，还是具体的执行者，可以说如果没有校长的积极配合与推动，高校教育教学的成功变革是不可能实现的。

其次，从教师的层面来将，尽管在发展变革过程中学校是作为基本单位的存在，但是，学校的发展离不开诸多个体的存在。

除了之前提到的学校主要管理者以外，这些个体还有始终在教育第一线工作的广大教师。他们作为一种力量能够推动体育教学改革的进程。通过对于教育教学改革实践过程的细心考察就能够发现，尤其是那些针对教育真正问题深深触及的改革过程中，基本上都是从一些教师的自发活动中开始的。因此，在体育教学改革开展的过程中，应该有必要重视教师自我变革所产生的推动作用。对于体育教学改革而言，如果没有教师、教授的响应、号召，那么就只能是一句空话。

再次，对于学生来讲，他们在现实的教育教学实践中，通常致使被当作改革的协助者或者是参与者，人们往往忽视了学生作为改革主体的力量存在。实际上，在学校教育教学活动中，学生也是重要的参与者，同样能够在体育教学改革中起到关键的推动作用。例如，对于教育教学现状他们表现出的批评和不满，以及改进教育教学工作的建议和意见，在一定程度上都会对体育教学改革的实施造成一定的推动作用与影响。就像是日本著名的教育家关正夫所发表的观点，"一个改革的内在条件就是存在学生群体对于学校的批评，如果没有此种批评的存在，那么学校当局就不会去热衷推进"。由此可以看出，在体育教学改革活动中，学校具有重要的推动作用。

④保障动力：高校办学自主权的推动。

《高等教育法》中的第31条到38条，对于高等院校作为实体法人应该承担的任务与七个方面的自主权有效地进行了明确。伴随我国高校办学自主权的逐渐增强，在这样的推动和保障下，我国高校也提高了教育教学改革的积极性，可以说改革开放至今，我国高校教育教学改革的成功推进同高校自主性的有效增强是存在较密切联系的。然而，在我国高校现阶段的办学实践中，在办学自主权的问题上依旧还存在一些不足之处，进而使高校在体育教学改革实践过程中的主体性与积极性没有得到充分地发挥。在教育教学改革开展的过程中，高校一直缺少一定的动力，这也是需要我们日后全力解决的。

（二）体育教学改革诸动力的内在联系、共同特征和作用机制

1. 体育教学改革内外部诸动力的内在联系

（1）体育教学改革的外部动力是发挥内部动力作用的选决条件。

事物的变化、发展离不开外部力量的推动作用。尽管现阶段体育教学自身具备相对的独立性特征，使其具备独有的内在逻辑与演进规律，然而，体育教学作为具体的一种现象，始终存在于社会生活中，同时，同其他的社会现象间存在的联系也是经常性且十分密切的，此外，对于体育教学而言，外部力量也将会对其造成一定的影响，我们这里所说的外部力量主要是从社会系统中的政治、经济与科技等领域中产生的。

如果不存在外部力量的刺激、诱发与推动，那么由于高校自身"惰性"的存在，想要从自身内部促进产生体育教学改革的意愿与动力明显是很困难的。所以，对于体育教学改革而言，其同外部力量中具有的推动作用之间存在十分密切的联系，同时，体育教学改革的外部动力从本质上来讲是其内部的动力使其自身作用得到充分发挥的重要基础。

（2）体育教学改革内外部动力综合作用于高校的教育教学改革。

所有事物存在与发展，都离不开外部因素和内部因素的共同结果。并不是仅仅依靠外因的推动作用，或者是内因的单纯自我运动就能够实现的，从事实上来讲，主要是内部因素与外部因素之间综合在一起的作用结果。

从根本上来讲，体育教学改革是一种外部和内部的动力之间种类不同的做种因素有机结合而促进产生的最终结果，尽管上述的这些因素同力量之间具有一定的差异性特征存在，但是需要注意的是，这些因素的存在是分散的，会通过多种不同的形式向体育教学改革工作的主要动力与合力来源转化，我们上面所提到的不同形式，主要有：对话、协同、选择、融合、竞争，等等，对于体育教学的改革与发展来讲，他们能够共同发挥出推动作用。

2. 高校教育教学改革诸动力的共同特征

虽然从形式方面来讲，体育教学改革的动力主要来源存在一定的差异性，但是，

不可否认的是在特征方面，他们之间也存在一些共同点。在这些特征共同作用下，使他们在体育教学改革中占据重要的位置，进而在动力机制上使体育教学改革的有机构成得到促进，对于体育教学改革的进程起到共同推动的作用。这些因素表现出来的共同特征有：相关性与互补性特征、层次性特征、动态性特征和整体性特征。

3. 体育教学改革诸动力同体育教学改革之间的动力机制

有一点需要说明的是，体育教学改革的自动实现，并不是仅仅拥有能够在体育教学改革中起到引发或者推动作用的动力就能够做到。体育教学改革的诸动力同体育教学改革之间的练习离不开某一种机制的支持。现阶段，在体育教学改革的实践过程中，能够发挥作用的机制一般来讲有三种，作者对这三种机制的分析具体如下。

（1）行政机制。

体育教学改革的行政机制，一般来讲是指国家的行政部门能够主导着体育教学改革与发展。行政部门的作用体现在，一般会对其科层体制进行利用来最后筛选、过滤体育教学改革中的各种外部动力因素与内部动力因素。

（2）市场机制。

体育教学改革的市场机制，一般来讲是指市场能够在体育教学改革中起到主导的作用。在市场机制的作用下，能够对体育教学改革的各种外部因素和内部因素造成一定的影响，决定了它们能否作为动力而对体育教学改革发挥推动作用，并且能够承受得了市场的考验。

（3）志愿机制。

体育教学改革的志愿机制，一般而言指的是学校自身能够在体育教学改革开展的过程中起到一定的主导作用，换句话说，就是在选择体育教学改革方向的时候，充分考虑学校自身存在的教育教学问题、教育教学的现状与教育教学的发展目标等多种因素。在志愿机制的作用下，学校自身能够综合地分析教育教学改革的内部影响因素与外部影响因素。

在对体育教学改革的动力机制问题进行探讨时，主要从体育教学改革动力机制的内因、作用机制与共同特征、动力因素和动力诸因素间的内在联系等几个方面出发，得到了如下的主要观念。

第一，任何一种改革的产生都离不开一定动力的推动作用，同时，还有与之相对应的动力机制存在。我们这里所说的体育教学改革的动力机制，主要指的是能够对体育教学改革起到推动或者引领作用的各种不同层次的力量，以及这些力量之间有机结合的机制、方式与过程。

第二，能够对体育教学改革起到引领与推动作用的动力，主要包含两种，即体育教学改革的内部动力因素、体育教学改革的外部动力因素。体育教学改革的内部动力因素，主要存在四个方面的来源，分别是使学校教育教学弊端得到克服的需要、使学校人才培养质量得到提升的需要、高校办校自主权的推动作用、改革主体自我改革的推动力；而体育教学改革的外部动力因素，主要来源是：社会大体系中的政治、经济、科技和文化等子系统中产生全新动力的需求，不仅如此，教育系统中在学校相关竞争活动中产生的外部压力。

第三，对于体育教学改革内部动力因素与外部动力因素之间存在的主要联系是：外部动力是发挥内部动力因素作用的主要基础，同时，外部动力之所以存在的主要作用是通过内部动力因素使体育教学改革的外部动力因素与内部动力因素之间有机结合得以实现，并且在高校教育教学改革中得到综合性的应用；体育教学改革的诸动力要素之间具有许多的共同特征，即：互补性与相关性特征、层次性特征、整体性特征与动态性特征；体育教学改革和诸动力存在的三种主要作用机制是行政机制、市场机制与志愿机制。

第二章 高校体育教学改革的思想基础

第一节 "寓德于体"教育思想

一、"德"在高校体育教学中的意义分析

增强学生体质，培养学生良好的身心素质，是高校体育教学的根本目标和出发点。学校的体育课程是学生身心共同参与的活动。在学校体育教学中，学生通过参与身体锻炼以及互相配合来获得知识与技能，这就在客观上为教师培养学生的道德品质提供了条件。但实际情况并非如此，在我国很多高校，大部分体育教师往往只注重课堂组织教法的运用和学生技能的提高，忽视了体育教学中的德育教育，甚至认为德育是文化课的任务。德育，具体来讲就是对人的思想品质、生活品质的培养。其任务是提高受教育者的思想认识，培养高尚、健康的人格，丰富情感世界，培养积极乐观的人生态度。

叶圣陶先生曾说过："什么是教育，简单地说就是要养成良好的习惯，对于德育而言，就是要养成良好的行为习惯。"体育教学过程主要是一个让学生身体素质得到全面发展的过程。在体育教学的过程中，教师向学生传递知识、答疑解惑，提高其身体的力量、速度、耐力、柔韧、灵敏等素质。与常规的文化课教学不同，体育教学以体育锻炼实践为主，更侧重身体素质的培养。当今社会，由于亚健康人群的增多，身体健康日益成为人们关注的焦点，体育健身锻炼逐渐成为人们生活中不可或缺的部分。体育教育的地位也因此变得越来越重要。伴随着体育教育影响范围的扩大，人们也挖掘出体育教育的德育价值。德育，主要是指对学生思想素质和道德层面的教育。德育的过程实际上是一个善恶辨别和道德价值观树立的过程。德育的最终目的是要帮

助学生树立正确的道德价值观，对是非荣辱形成正确的评价标准，最后内化为自身的内在品格，保持并发扬于有形的生活之中。德育是教育教学的重中之重，它同样也应该贯穿体育教学的始终。因此，现代高校体育教学也成了德育教育的重要载体和桥梁。

纵观体育教学，"德"在其中主要具有以下五点意义。

（一）培养学生的坚强意志

与竞技类体育教学不同，高校体育教学对学生的技战术没有那么高的标准和严格要求。但是，现代体育教学已经不完全等同于技战术和身体素质教育了，它还需要培养学生的优良品质和良好的意志力来共同达成当今社会所提出的全新的体育教学目标。例如，跳马、双杠需要学生的勇气、自信和自我挑战，长跑运动需要学生的耐力和坚持不懈，足球、篮球等需要学生长期的摸索和学习，等等。基于此，体育教师应以体育课程标准为基本着眼点，适时创新教学内容，对每一个学生进行个性化的特殊处理。经过一系列的体育教学活动培养学生坚持不懈、敢于拼搏、勇敢向前的道德品格，并将其融入未来的工作和生活之中。

（二）培养学生的竞争意识

现代社会是一个高效率、快节奏的社会，因此，人们若想在社会中脱颖而出，必须时刻保持最佳的竞争状态。现代社会要求人们必须具备敢于拼搏、敢于竞争的精神。体育教学为竞争素质提供了很大的发展空间。竞争意识，简而言之，就是对外界活动持有积极应对的心理反应。人们在竞争意识的引导下进行一系列竞争行动。作为体育运动项目突出特点的竞争因子在体育竞赛中可表现得淋漓尽致。体育教学过程中所组织的一系列体育竞赛和活动，可以激发学生身上的竞争因子，调动学生的竞争细胞，激发学生的最大潜能，让学生在体育竞争中内化竞争意识，树立顽强拼搏的竞争精神。从此种层面上来说，体育教学的德育功能主要体现在激活学生的内在竞争意识，培养学生勇于拼搏、敢于拼搏的竞争意识，在竞争中树立良好的道德行为规范。

（三）培养学生的团队合作意识

虽然当今社会充满竞争，但是仍然掩盖不了合作是主旋律的事实。任何一个个体力量所创造的效益与合作产生的群体效益是无法匹敌的。合作意识是个体对共同行动及其行为规则所赋予的情感与认知。合作意识是合作行为的方向标，引领着合作行为的产生与发展。合作意识也体现在体育运动项目之中。如篮球、排球、足球、接力、拔河等集体类运动项目的开展，单靠一己之力根本无法完成。如若想很好地完成上述这些活动，除了要掌握这些运动项目特有的技战术外，还需要队员之间的团队合作。只有通过队员之间的紧密配合，个人的价值才能在集体中得到最大的体现，最终实现自我价值，取得比赛的胜利。所以，体育教学不但给学生提供了交流沟通的平台，还为学生良好人际关系的搭建起到桥梁的作用。学生与学生之间关系密切了，交流频繁了，无形之中营造出相互帮助、相互关心、团结合作的融洽氛围。学生们在感受到集体温暖之余，也逐渐养成团结协作的精神，树立起集体主义的观念。这一切也必将为他们在日后融入社会奠定坚实的人生基础。

（四）培养学生的自我约束能力

自我约束能力，简而言之，就是自己能够控制自己的所作所为的能力。学校体育教学是一种以室外活动为主的动态群体行为。教学管理，相对于常规学科来说，较为困难，这就需要有一定的行为规范来保证体育教学活动的顺利开展。以运动竞赛项目为例，像"三大球""三小球"、田径和各种集体类体育运动竞赛项目，必须遵循该项目特定的规则，用切身行动去维护它、捍卫它。规则无论对他人还是对自身都是公平的。它像一把标尺，衡量和监督每一位参赛者，让他们时刻保持清醒的头脑，用明确的规则来约束自己的运动行为。所以，长此以往，学生就可自然而然地形成良好的组织纪律观，提高自我约束能力。

（五）调节学生的身心健康

随着社会经济的不断向前发展，人们的生活压力、工作压力越来越大，各种"富贵病"接踵而来。研究发现，体育运动可以帮助人们释放压力，保持心情愉悦，满足一定的心理需求。因此，在体育教学过程中，我们应该注重学生生理和心理的双发展。我们不仅要让学生们在科学合理的运动负荷下，实现身体素质的全面提升，还要让学生在日常的体育教学训练之余，得到精神上的放松。学生在体育课堂上收获的不仅仅是健康的身体，还应该包含愉悦的心情，这才是体育教学的真正价值所在。

二、中外"寓德于体"教育思想的比较分析

（一）国外不同时期的"寓德于体"思想研究

1. 古埃及和古希腊时期

在古埃及，人们很注重子女的教育问题，古埃及人在关心子女身体是否健康之余，还很关注对子女智力和德育的培养。当子女还处于婴儿期，古埃及的父母们就让他们的子女赤裸着身体尽情地拥抱大自然，让孩子们在户外运动的过程中尽情享受充足的阳光和新鲜的空气；当子女成长为儿童少年时，古埃及的父母们会适时开展一些适合他们年龄特征、个性特征的游戏；当子女成长为青年时，古埃及的父母们会让他们尝试一些激烈的球类游戏和剧烈的户外运动，充分满足孩子们的身心需求。孩子们通过这些体育运动项目的锻炼，逐渐养成了遵守纪律、团结友爱、协作共赢的良好品格。体育运动的开展不仅有利于人们"体"的发展，也有利于人们"德""智""美"的综合发展。

古希腊人眼中的美德不单单指心灵美，它更关乎人们的道德和心理。古希腊人认为，只有道德、心理、身体均健康发展才可以称之为美德。所以，他们倡导"智慧的人"与"行动的人"相统一的教育理想。古希腊人训练身体素质，不单单是出于自身力量素质和军事的考虑，他们更多的是侧重于通过体育锻炼，培养坚强、勇敢、礼让、果断、智慧等良好品格。苏格拉底曾说过："体育和音乐教育一样，应该让他们从小就开始接受，而且体育训练应该十分小心且要终其一生。我并不认为不良好的体质本身有利于灵魂的修养，相反，美好的灵魂它本身能够在可能的范围内改善体质。"此外，其他一些古希腊思想家也都分别从各个维度详尽地论述了体育与道德之间的关系，但万变不离其宗，其主要论点依然是体育有着不可比拟的道德教育价值。

在体育之于品格的价值研究上，古埃及人和古希腊人是明智的，他们很早就看到体育游戏和体育比赛的深层隐性价值。选取适合各个年龄阶段的体育游戏和体育比赛，不单单可以帮助锻炼者强身健体，更能在强身健体的同时丰富业余生活，提升他们的道德水平。古埃及人和古希腊人主张人的全面发展。全面发展不只包含身体强壮，还包含心理健全和道德完善。通过体育锻炼这一载体，让人发展成为健全的人，是他

们更希望看到的结果。"寓德于体"的教育思想在古埃及人和古希腊人身上体现得淋漓尽致,值得我们学习与反思。

2. 文艺复兴和启蒙运动时期

文艺复兴后期法国人文主义思想家蒙田指出:"教育绝不是着重于一个人心灵的培养;我们的教育也不是注重到一个人身体的锻炼,教育的对象是整个的人;我们决不能将之一分为二……我们必须同等地给予发展,就像一鞭指挥着双马一样。"基于此教育思想,我们可以将体育的目的归纳如下:"为了使他有坚强的心,就需要他有结实的肌肉;使他养成劳动的习惯,才能使他养成忍受痛苦的习惯;为了使他将来受得住关节脱落、腹痛和疾病的折磨,就必须使他历尽体育锻炼的种种艰苦。"因此,那一时期体育教育的本质是想让学生在体育锻炼的过程之中提高身体素质、道德素质和心智素质。学生在体育锻炼之余,也间接促进了坚毅顽强、敢于挑战、吃苦耐劳等良好品格的养成。由此,"身心既美且善"成了该时期希腊人体育教育的主旋律。

英国著名的教育家约翰·洛克认为,体育是一切教育的基础。他认为教育主要由德育、体育和智育三部分构成。但是,三者中的重中之重,他认为是体育。因为在他的观念里,培养出健康的人才是教育的最核心任务,而体育是能够实现这一任务的首要之选。继而,他在这一套教育理论的基础之上,又研究出了一套适应该时期社会发展的"绅士评比准则"。在"绅士评比准则"的第一条里,他要求绅士必须具备平衡发展的身心。他认为,一个真正的绅士不应该只拥有强健的体魄,还应该拥有良好的教养和优雅的风度。这一点在他的经典作品《教育漫话》中得到了印证。"人生幸福有一个简短而充分的描述:健康的心智寓于健康的身体。凡身体和心智都健全的人就不必再有什么别的奢望了;身体或心智如果有一方面不健全,那么即便得到了种种别的东西也是枉然。"从此以后,"健全的精神寓于健康的身体"成为人们推崇的主流教育思想。

谈起启蒙运动,我们不得不谈到卢梭。"身心统一论"是他的基本理念。在他的思想世界里,人的身体和心理是不可割裂的,二者成比例地良好发展,才是适应社会、适应大自然的前提条件。他认为:"教育的最大秘诀是使身体锻炼和思想锻炼互相调剂。"卢梭注重感觉经验,他倡导积极参与体育运动和比赛。他认为,运动和比赛可以帮助人们平衡竞争与合作,在体育运动和比赛过程中锻炼身体,净化心灵。此外,他还倡导广泛修建体育设施,推广体育竞技项目和游戏环节。他还提出进行体育锻炼的关键时期应该是在童年。因为该时期的孩子自我意识刚刚形成，理智还不成熟，可塑性极大。他主张在该时期通过体育锻炼来塑造儿童的自我意识和理智情感。

约翰·亨里希·裴斯泰洛齐是瑞士著名的民主主义教育家。他认为，体育教育对身体素质的价值是无可厚非、有目共睹的，然而，体育教育对道德教育的价值也是旗鼓相当、不容小觑的。经过适宜的体育训练，儿童的身体和心理都可以获得健康长足的发展，这无形之中促进了道德教育目标的达成。除此之外，长期坚持不懈的体育锻炼，也必将会对锻炼者的意志品格产生重要的影响。不怕吃苦、敢于拼搏、勇于挑战、团结友爱、互助协作等都是体育锻炼衍生出来的无形的道德价值。由此可知，裴斯泰洛齐主张体育教育之初，应遵循客观规律，安排儿童进行科学合理的运动，在儿童可承受的能力范围内进行体育锻炼，提高身体素质，培养道德品格是正确的。他认为，体操的目的在于"使儿童的身体四肢、智慧和心灵处于相互统一的和谐整体之中"，并指出手工劳动、竞技、体操和游戏都意义重大。

综上所述，众多教育家和思想家都主张人的身心要和谐发展。他们认为，身体和心灵是紧密关联的，应该抓住塑造良好品格的黄金时期——童年时期，安排一些合理的、适宜的体育运动锻炼，让孩子们在游戏、竞技比赛活动之中，养成不畏吃苦、自立坚强、团结合作、勇于竞争、挑战自我等优良道德品格。这即是"寓德于体"。

3. 近现代时期

近代时期的德国，体育被视为保持身体健康的一种手段。体育教育未受到人们的重视。当时德国的体育课程是以养生为主的，主要从卫生角度出发，研究一些与之相关的饮食、锻炼、着装、日光、空气等问题。被称为近代学校体育之父的德国体育教育家约翰·克里斯托夫·弗里德里希·古兹姆茨则认为，保养不足以成为体育运动锻炼的所有重心，体育运动锻炼应该侧重于帮助学生强筋健骨、提升技能、塑造品格。由此可知，体育教学的三大任务早在18世纪后期就已经基本明确了。有着"幼儿教育之父"美誉的德国学前教育家、教育理论家弗里德里希·威廉·奥古斯特·福禄贝尔，主张抓住儿童早教这一黄金时期，优先开展体育锻炼，在游戏和竞技中开启学生的运动天赋，形成科学的道德品格，开发深层的大脑智慧。他曾说："游戏是人类心灵发展的首要手段，是认识外在世界，从事物及事实中汇集原始经验与练习身心能力的首要任务。""游戏是一种能形成非常强大的力量的心灵沐浴。"由此可知，他对游戏活动之于心灵意义是肯定和认同的。一系列的体育游戏活动必然会对其道德品质和智力产生一定的影响。体育锻炼过程中逐渐养成的公平正义、忠诚苦干、顽强拼搏、自我约束、团结友爱的品质就是最好的证明。

19 世纪 20 年代末，英国体育思想家托马斯·阿诺德很重视体育运动以及体育游戏对教育的作用，他主张在学校教育中广泛开展竞技游戏，培养学生顽强、果断、正直的思想品格，提升学生的全面素质，提高整体教学效果。19 世纪 50 年代，小说《汤姆·布朗的学校生活》横空出世。该小说主要描绘了英国拉格比公学）的生活，小说所折射出来的对竞技和体能的关注远比现实生活中多得多。这使得当时的人们，尤其是广大的教育家、思想家、神职人员和普通大众深受启迪，体育教育思想理念也随之发生了重大变革，竞争精神深入人心。赫伯特·斯宾塞紧随其后出版了《教育论》一书。书中的主要观点为，注重游戏的自然性，反对一切赋予游戏鲜明的人为色彩。他主张体育教育过程中要记得遵循客观规律，要用科学的思想统领体育锻炼的全过程。他推崇以人的自然本性为核心内容的游戏环节，因为他认为只有让学生充分发挥本性，才有利于兴趣持久的激发和保持。他重视体育锻炼过程中人是否释放了最大的自主能动性。他曾说过："自主能动性是人的品质中一个最有价值的因素。"此外，他口中所说的自主能动性还包含有一定的独立性，他所希望的自主能动性是在独立性的基础之上产生和发展的。他认为，人的独立性可以使人获得自信，获得坚强不屈和肯吃苦的优良品格。

爱默生发展了他的人类自我完善和自立哲学的思想理念，这种思想在健身运动和竞技之中都有着重要的指导意义。他认为强健的体魄是完成伟大使命的敲门砖、奠基石，体能是人类勇气和道德力量的源泉。因此，健康才是人这一辈子最大的财富。他认为，离开游戏活动，单独谈一些空理论的教育是不完整的。尤其是对儿童而言，只有赋予游戏活动的游戏理论才会在他们身上生效，这些游戏本身才是最终的幕后的真正教育者。清教哲学认为竞技运动在一定程度上会对道德品格的形成有影响。基督教也认为一定程度的竞技训练和身体素质练习可以帮助实现道德、心理和宗教的教育目的。

苏联现代著名教育实践家、理论家瓦西里·亚力山德罗维奇·苏霍姆林斯基认为，体育在人个性的全面发展进程中发挥着不可替代的作用。德育、智育、体育、美育、劳动教育都是教育旗下的几个重要分支，都从属于教育，它们之间虽然侧重点有所不同，但是它们之间的关系是相互影响、密不可分的。因此，在对学生进行体育教育的同时，必然也会对其进行一定程度的道德教育、智力教育、审美教育和劳动教育。他认为，在学生的不同成长阶段应进行不同的体育教育。例如，儿童时期的体育教育就应该以发展儿童的身体机能和促进健康为主；少年时期，体育教育的侧重点应当有所转变，除了提高身体素质外，还应拓展精神世界，发展智力潜能，激发道德情感，塑造道德品格，丰富审美内容，提高审美层次。在有了一定量体育锻炼的基础之后，身形的变化，增添了人们的青春活力与自信，心态和性格也因此变得柔和。他还特别强调："体育不可能仅局限于锻炼身体与增进健康，它还涉及培养道德尊严、建立纯洁与高尚的情感、确定道德与审美的准绳及对周围世界做出评价与自我评价等人的个性方面的复杂问题。"

这一时期"寓德于体"教育思想突出表现为人们对体育教育中德育教育的重视程度。众多体育家和教育家都十分重视人在体育活动中的独立性和自主能动性，他们普遍认为体能是人类勇气和道德力量的源泉与奠基石。他们主张依靠纯天然的游戏和竞技来强壮人们的筋骨与体魄，激发情感，培养道德品格，最终塑造人的性格、磨炼人的心智。深入进行体育锻炼可以帮助人养成忠诚正义、果断勇敢、自我约束、自主自立等优良品格。

（二）国内不同时期的"寓德于体"思想研究

1. 先秦时期

"造棋教子"源于《路史·后记》记载："（丹朱）鸷很婿克，兄弟为阋……帝悲之，为制弈棋以闲其情。"故事大意为：尧的儿子丹朱，嫉妒心强，骄傲蛮横、凶狠残暴，品德恶劣，兄弟之间争吵不休，矛盾重重。尧得知后心里很是焦虑，于是就命人制作了围棋教育丹朱，希望在"棋道"的教育下，人也能改邪归正。可见，围棋的教育功能不可小视，它教会人们"守之以仁、行之以义、秩之以礼、明之以智"。

春秋时期伟大的思想家、教育家、哲学家老子有云："不失其所者，久也。死而不亡者，寿也。"这句话的意思是人若想肉体活得长久就不能离开生命的根基，但若想获得真正意义上的长寿还是要保持精神上的人格。因此，要想获得真正意义上的长寿，光靠鲜活的肉体来维持是远远不够的，还必须不断完善自己的品格，让精神之光常亮。养生，顾名思义，就是指身体的保养。但是究其实质，养生需要保养的不仅仅是单纯的肉体，还应包括精神人格。整个养生系统应该始终包含肉体和精神，二者缺一不可。庄子有云："形劳而不休则弊，精用而不已则竭。"这就告诉我们应该把形体和精神都抓起来，并且"两手都要抓，两手都要硬"。"静而与阴同德，动而与阳同波"。这句话的意思是与阴同德，就像大地一样，厚德载物；与阳同波，就像九天之上，自强不息。由此可知，养生这一概念，在先秦就产生了，并且已从鲜活肉体的养生过渡到精神领域，开拓了养生领域的新篇章。

孔子是儒家学派的代表人物，也是伟大的教育家、思想家。他在传承西周官学中"六艺"的基础之上，发展了独特的"礼、乐、射、御、书、数"等教学内容。这一教学内容反映了孔子的教育思想。他主张培养德、智、体全面发展的人。孔子的道德标准是"礼"，政治思想是"仁"，对于体育思想而言，他倡导遵"礼"。他所期冀的教育目标是发展文武双全、道德高尚的仁义之人。孔子尚文，但文必须"之以礼"；孔子尚勇，他认为："仁得不忧，知者不惑，勇者不惧。"但是，他又警告世人"勇而无礼则乱"。他主张无论"武"多么"勇"，也要服从奴隶主贵族之"礼"。故孔子有云："有文事者必有武备，有武事者必有文备。"这里所提到的"武"是军事的意思，但由于古代体育大部分以军事为主，故"武"在这里可以狭义地理解为当今体育的源头了。对于"礼"而言，孔子讲求将其应用于实践，空谈"礼"绝不是他的本意。孔子善射御。在他行射的过程中，他对周围的旁观者和身在其中的参与者都有严格的礼仪要求。凡是道德礼仪低下者，均不允许参与其中。因为他认为行射的最终目的并不是谁输谁赢，而是在于品鉴人的道德。"君子无所争，必也射乎！揖让而升，下而饮，其争也君子。""射"不只拼技艺、讲方法，而且要以"礼"当先。行射的最终目的是从行射中学习礼数。由此可知，孔子注重身心合一的教育方式，倡导体育强身健骨之余，更加看重体育之于人的道德的影响。

墨子是墨家学说的代表人物，他主张"厚乎德行，辩乎言谈，博乎道术"。他认为，"德"为"力行"提出了标准，指明了方向。他对学生进行德行教育，首先要求学生能够吃苦耐劳，坚毅不屈，敢于挑战。他也主张通过"行射""习御"这一体育途径来强健人的筋骨、内化人的品格。

荀子是著名的唯物主义教育家、思想家。他崇尚"乐行而志清，礼修而行成，耳目聪明，血气和平，移风易俗，天下皆宁，美善相乐。"他认为，体育活动不单对人的身心健康有所裨益，还会影响社会风气。

这一时期"寓德于体"教育思想可以归纳为：肯定了体育对身心健康的价值，但是，这两方面相比较而言，更突出体育的健心价值，尤其是其德育价值。古代重视"行射""习御"，但是出发点绝不仅仅是为了强健身体，更多的是通过体育这一媒介，对人的心性进行磨炼，使人形成良好的品格和德行。

（二）唐宋、明清时期

在唐代，以木射为代表的体育活动盛行：用木为侯，以球代箭，用球击射木侯。木射场地上一端设立 15 根笋形平底木柱，其中有 5 根木柱分别用墨笔写上"傲、慢、吝、贪、滥"，10 根木柱分别用朱笔写上"仁、义、礼、智、信、温、良、恭、俭、让"。参加比赛的人员纷纷在木柱的对面用木球往木柱方向抛撒，击中有朱笔写字的木柱即获得胜利，反之，则视为失败。通过这种带有朱笔和墨笔字迹的木柱，我们可以看出古人对哪些道德信仰持肯定态度，对哪些道德信仰持否定态度，进而帮助参加体育运动的人们形成正确的道德评判准绳。儒家"仁爱"思想在古代体育运动中也得到了很好的体现。在体育运动过程中，侧重点由取胜转移到了道德层面的比较，倡导"君子之争"，体育的礼仪性、娱乐性、伦理性在该时期体现得淋漓尽致。

明末清初杰出的教育家、思想家颜元，倡导施行文武双全、全面发展、综合素质高的学生教育。他认为，体育的价值不仅在于强壮筋骨，还有很多内化的智育和德育价值。他对体育的德育功能有如下理解："人之心不可令闲，闲则逸，逸则放"；"习礼则周旋跪拜，习乐则文舞、武舞，习射御则挽强把髻，活血脉，壮筋骨"；"以礼、乐、兵、农，心意身世，一致加功，是为正学"。因此，他招收学生时就明确提出"礼、乐、射、御、书、数、兵"都将作为学习的重点课程，而其中"射""御""兵"是基础中的基础。颜元认为身体锻炼过程中，人们的道德修养和智慧成果必然有所增加。如若每日加以练习，假以时日，身心必将得到双向和谐发展。颜元倡导身心一致，主张德育、智育、体育同时发展，只有这样才能培养出社会发展所需的栋梁。颜元的体育德育论、体育智育论都是一种崭新的尝试，为后期体育的多功能发展奠定了坚实的基础。

这一时期"寓德于体"教育思想主要可以概括为：儒家思想中，体育运动蕴含着忠诚仁义、谦虚宽厚、包容礼让等"仁爱"思想。教育思想家颜元透过体育的健体价值表象，挖掘出体育更深层次的智育和德育价值，他倡导促进学生德、智、体全面发展的教育。

（三）近现代时期

近代著名教育家蔡元培肯定了体育的首要地位，他说"完全人格，首在体育"。关于体育和德育的辩证关系，他坚持体育是基础，体育是根本，而道德教育是体育教育的衍生品。空谈道德的体育，会让人嗤之以鼻；空谈体育的道德，会让人的心灵无处安放。1917年，伟大的无产阶级革命家、思想家毛泽东在《新青年》上发表了《体育之研究》一文。他在文中写道："愚拙之见，天地盖唯有动而已。""人者，动物也，则动尚矣；人者，有理性之动物也，则动必有道。""动也者，盖养乎吾生，乐乎吾心而已。""欲图体育之效，非动其主观，促其自觉不可。""学校之设备，教师之教训，乃外在的客观的也，吾人尚有内的主。夫内断于心，百体从令……苟自之不振，虽使外的客观的尽善尽美，亦犹之乎不能受益也，故讲体育必自自动始。"此番言论很好地论述了德、智、体三者之间错综复杂的关系。"身心并完""三育并重"是毛泽东所倡导的体育发展观，也成为学校培养人才的硬道理。

中国奥运先驱张伯苓认为，体育学科在学校教育中是一门基础学科，除了强健体魄外，还能培养公民的道德意识。张伯苓注重体育运动过程对人的道德素质的建构。他曾说过："运动之所争也，胜负而已，苟一战而负，人格上固尤在已，若人格一有所损伤，则虽胜又岂值得若许代价哉？"由此可见，"德体并进""体与育并重"是他的主要观点。著名大学校长梅贻琦认为体育是实现高尚人格的最佳途径。他认为，在体育锻炼过程中，可以使人和人之间变得亲近，团队荣誉感增强，竞争与合作共存。因此，他总结道：竞赛是为了练习团队的合作守法的习惯，而体育旨在促进团队道德的养成。著名体育家马约翰在体育的价值问题研究上又有所突破。他认为，体育除了具有强身健体和道德塑造的价值之外，还具有磨炼性格的价值。在体育的世界里，人的勇敢、顽强、拼搏等性格品质被极大地激发出来。他曾说："体育最重要的效能是塑造人格，弥补教育不足之处，要学生学会负责任，学会帮助关心别人。"这一点在他的作品《体育的迁移价值》中有具体的体现："体育是培养学生品格的良好场所和最好工具，体育可以批评错误，鼓励高尚，陶冶情操，激励品质。"

这一时期"寓德于体"教育思想可以大致归纳为：肯定了体育的基础地位，与此同时也提出了"德体并进"思想。体育的价值从健身层面拓展到了培养道德、塑造人格等精神层面。体育的团结协作、竞争突破精神可以向爱国强国精神靠拢，为祖国的建设提供综合性人才。

三、体育教学中武术武德教育的实例分析

伴随着近几年的"国学热"，传统文化又重新进入现代人的视野。武术历史悠久，以其博大精深的内涵成为中华民族灿烂文明传播的载体之一。随着北京 2008 年奥运会的成功举办，武术被越来越多的人所了解。武术以其独特的动作风格和表演形式受到人们的喜爱，在全世界广泛传播，让无数人为之痴迷。因此，武德教育应引入高校教育。

（一）在教学计划中渗透武德教育

在武术教学计划的订立之初，武术教师应该端正自己的立场，把武德教育视为与武术技术教育同等重要，使武德教育融入武术技战术教育的血液中来。诚然，开设武德教育课程是对此理念最好的诠释。武德教育课程可以围绕武德内涵、习武观念、武德精神等内容展开，让学生体会到中华武德的真正内涵，并引以为鉴，严格要求自己，树立科学的世界观、人生观和价值观，激发爱国热情，为祖国的建设贡献一份自己的绵薄之力。此外，武德学习的结果还应按照一定的考核标准纳入考试范畴，以便学生对武德的学习有着清醒的认识。

（二）将武德教育应用于武术教学实践之中

在武术教学实践中，武术教师应该采用多样多变的教学手段和方法对学生进行武德渗透。例如，在上课前期阶段，武术教师可以对学生开展武术礼仪教育，让学生对抱拳礼、递接礼、器械礼有科学的认知和学习。在一系列的武术道德学习之后，学生便会逐渐养成尊师重道、以礼待人的美德。上课期间，武术教师在教授武术技术的过程中，可以鼓励进度快的学生主动帮助进度慢的学生，形成互帮互助的良好竞争氛围，进而帮助其养成乐于助人的良好美德。上课后期，教师可以教育学生把课上的武术方法和武术精神广泛应用到课下的日常练习中，让学生坚持练习。这样一来，学生就养成了坚持不懈、坚忍不拔的良好美德。

（三）将武德教育渗透到武术竞赛之中

课堂上的武德教育仅仅是武德教育的一方面，武德教育还应包含在课堂外的一切体育运动竞赛之中。只有这样，武德教育才能全方位、立体化。在武术竞赛中，学生们可提高技术水平，相互交流思想，增加感情。竞赛的过程实际上也是一个自我品德提升的过程。在竞赛中，我们可以从对手身上汲取精华，提高自己的道德修养。武术教师在完成基本教学任务之余，还可以以提高学生的武德认知为目标，广泛组织学生开展一些武术课外活动。这些活动可以跨越班级、年级、系别之间的界限，只要是对武德教育有益的，都可以为我所用。组织形式也可以广泛采纳学生的意见，只要学生能积极参与的都是可行的。

（四）选取优秀人文素材适时进行武德教育

历朝历代为国家和民族牺牲的武林豪杰的故事都可以作为优秀的人文素材。他们身上忠于祖国、甘愿牺牲的精神可歌可泣，他们为我们阐明了武术的真谛，值得后人学习。中华武术因为有了这些英雄的存在而变得更加高尚。他们不断地为武术精神补给养料，为习武之人树立了良好的榜样。抗击倭寇的戚继光、抗击英国侵略者的关天培，以及"灭洋"的义和团都是英雄。可见，忠于国家民族是中华武术的优良传统之一。中华武术的另一优良传统是仗义济民。习武之人应不畏土匪强盗，不畏恶霸地痞，不畏残暴的统治者，不畏凶恶的侵略者。勤学苦练是中华武术的又一优良传统。但凡去过少林寺的人，都会看到武僧在那里勤学苦练，风雨无阻，无不对他们充满敬仰，被他们所感动。综上所述，学生通过武术的学习，武德必然也会有所提升。

（五）提升武术教师自身的武德修养

教师的言行对学生有很大的影响力，学生会模仿教师的言行。因此，教师要意识到自己言行的重要性，对学生起到更多的积极影响。对于武术教师而言，要加强武德修养，提高武德风范，身体力行，潜移默化地影响每一位学生，引导他们形成正确的世界观、人生观、价值观和道德观。因此，高校武术教师不仅要在专业知识方面做足功课，还要不断提升自己的武德修养。凡是要求学生做到的事情，自己都应身体力行，为学生树立道德榜样。武术教学实践的过程，是每一位武术教师的必经过程。只有经历过武术教学实践，武术教师的武德教育才更加具有说服力。

在全面推进素质教育的今天，作为学校体育教学重要内容之一的武术教学，应该适时进行教育改革，将武德教育融入武术教学中，并与武术技战术教学并驾齐驱，充分发挥武术教育的武德教育功能，力求把每一位习武学生都培养成为技术底蕴深厚、道德素养较高、适应现代社会发展的新型人才。

第二节　"寓智于体"教育思想

一、"启智促健"是高校体育教学的必然选择

当今社会，素质教育成为教育的主旋律，然而体育教育作为教育的一个重要分支，除关注学生的身心健康外，还应把视野放宽，关注智慧技能的提升。体育教学中的"启智促健"应用，是促进学生思维活跃、提高学生综合素质的重要方法。基于上述因素，"启智促健"也是高校体育教学改革的大势所趋。

（一）体育教学过程中"启智"的必要性

"启智"，顾名思义，就是启发学生的智力，最终获得智慧的过程。这也是各门学科教授知识的最基本目的。研究表明，虽然经常参加体育运动可以启发学生的智力，但并不表示只要参加运动，智力就会随之增长。当然，智力和运动之间存在着某种关联。但是，两者之间也存在一定的矛盾。因此，找到智力和运动这两者的平衡点，才能找到解决问题的突破口，这也是我们研究的重要课题之一。体育教育找到了智力与运动之间的最佳平衡点，它帮助学生成长为德、智、体全面发展的综合型人才。如果单纯依靠体育运动，虽可达到强身健体之功效，也能在一定程度上促进智力的发展，但是智力的发展和体力的发展绝不会是同步的。因为体育运动首先能确保的是让大脑这个物质器官获得良好发育，继而为大脑智力的发展提供沃土，至于将来智力如何发展则需要时间去印证。而体育教育可以弥补体育运动之不足，它好比是体育运动的营养剂和催化剂，在体育运动过程中影响学生智力的发育，最终帮助学生获得德、智、体全面发展。

在体育教学过程中运用"启智"是十分必要的。如果在体育教学中一味注重技能练习，忽视对学生智力的开发，那么将会使学生不能全面认知和掌握所学运动技术的规律，进而对其智力的发展和智慧技能的习得产生阻碍。体育教学必须通过外在的、具体的体育锻炼，将学生内在的智慧激发出来。体育教师要善于指导学生学习运用多种学习策略来提高自己的体育学习效率。

（二）启发学生智力，习得智慧技能的方法

1. 启发学生元认知参与体育教学

西方有"未来的文盲不是不识字，而是没有学会怎样学习的人"的说法。东方有"授人以鱼，不如授之以渔"的古语。很显然，东西方不谋而合。我国宋代教育家朱熹倡导教师应该教会学生学习的方法，而不仅是学习内容，教师只要负责为学生引领方向，其余的就要靠学生自己了。我国当代教育家叶圣陶主张"教是为了不教"。他也建议让学生学会学习，而不是一味地、无休止地教导学生。由此可知，"教会学生学习"已成为人们普遍认可的教育真理，也充分体现了学生的主体地位和教师的主导地位，符合当今教学改革的理念。"授之以渔"对教师的教学提出了新要求，它要求教师要启发学生，让其运用元认知能力来学会体育学习。

"元认知能力"是对认知能力进行调解和监控的能力，对促进学生学会学习有着重要的意义。元认知过程，实际上是一个对任务知识认知、对个体知识认知和对策略知识认知的过程。以体育教学为例，让学生在上体育课之前就对自己在要达到的体育目标、体育过程中将会遭遇的制约因素和学习该体育知识需要调动哪些思维和记忆等有所了解的话，那么学生进行体育知识学习的效率将会大大提高。元认知体验是体育教学中最重要的体验，它使学生不断调整认知策略，以选取最佳策略。学生通过观察和体验，逐步验证自己的动作是否正确合理，进而在一次次的失败中进行调整，直到最终掌握。元认知的体验可以调动学生认知的积极性，激发学生的认知潜能。教师应教会学生掌握正确的元认知知识，让学生体验认知活动中自我调节与自我监控的快感，启发学生自觉思考。教师应在教学中调动学生参与体育活动的热情，激发想象潜能和创造性思维，让学生从传统的"接受"学习束缚中解放出来，学会发现学习，形成适合自己的一套独特的学习理论和学习方法，引领自己掌握学习规律，从此成为学习的主人。教师还应引导学生进行学习方法和学习策略的分析与总结，从而不断地调

整、控制学习活动，使学生成为学习的真正主人。

2. 启发学生进行新知识的建构

与动物不同的是，人脑可以对已掌握的知识、方法加工整理后，形成一套新的知识和方法，广泛应用到未来的学习生活之中。体育活动具有多变性，这就对学生知识的建构提出了新要求。因此，学生要学会根据不同的变化，改变自己的认知策略，对大脑中已成型的知识进行重新建构，以适应新的认知要求，掌握新的体育知识和技能，获得好的比赛成绩或练习效果。当然，有些建构的内容是可以提前预测或演练模拟的，但是对比赛中的任何一个细节任何人都是无法预料的。这就要求参加者调动身上的每一个认知细胞，找到适合当下比赛的技战术方法，在比赛过程中创造属于自己的一个又一个奇迹。布鲁纳认为，从外部进入知觉的因素为智力的成长提供了很大的空间，学生对各种新技术的不断掌控需要在教师的引导下，对大脑中已经积攒下的体育技能重新组建，利用重新组建的新结果来尝试解决面临的新问题。因此，教师的引导和帮助显得尤为重要，它能帮助学生习得智慧技能和发展智力，以便学生在未来不断独自应对新问题。

体育教师要教会学生拓宽思维，建构知识，首先应该从全面了解学生做起，在全面了解学生、掌握其智力的发展规律之后，还要钻研教材，找到适宜学生的教学方法，激发学生的参与积极性和创造性。体育教师一定要突破常规思维，杜绝懒惰，教授学生常规的技术动作组合后，还应创编一些新的动作组合，以满足学生不同的兴趣需要。只有极大地激发学生的主观能动性，才能让学生学会学习，进而在未来的学习生涯中能够主动学习、主动探索、主动创新。

3. 启发学生进行知识的迁移

知识的迁移是未来学习过程中一种不可或缺的学习手段，它可以将人们大脑中已有的知识应用到类似的事情之中，借以解决新面临的极其类似的问题。这种特征也是人类所特有的。知识的迁移教会学生用一种学习方法去解决后面遇到的诸多相似的问题。学习的信息加工理论认为，新知识在记忆系统编码、储存和提取的过程，是新旧知识相互作用的过程。学习就是用新掌握的知识不断地去替代原有知识的过程，但是这种替代不是简单的、毫无连接的替代，而是有着某种特殊关联的替代。在这种替代作用下，形成知识的迁移。通过知识的迁移，学生能够举一反三，闻一知十。当然，迁移也有正负之分。正迁移，顾名思义，即是大脑中已有知识对后面技能习得有着积极影响的迁移。我们在教学过程中要多多鼓励学生进行正迁移，这也将对学生提高学习效率产生积极的影响。在日常体育教学过程中，技能迁移成为我们关注的焦点，而对横向学科联系与技术原理方面的迁移的关注则少之又少。从学生角度出发，一味地学习动作根本无法吸引他们的注意力，在不感兴趣的前提下进行某些技能知识迁移，更是难上加难。以体育教学为例，教师在教授体育运动技能的同时，也可以引导学生将体育学、生物学、物理学、卫生学等进行关联思考，将众学科紧密地联系起来，使其逐渐建构一个全方位的、立体的完整知识体系。最后学生运用新获得的知识体系再理解体育的技术动作结构和意义，收获将颇丰。在这样来回地摸索过程中，学生会慢慢体会到教师让他们完成这些动作背后的真正意义。学生在深刻地理解体育运动技能规律的来龙去脉之后，在遇到新的困难时，他们解决起来也将更加轻松。像这种知识的迁移，则属正迁移范畴。其间，教师的正确引导是至关重要的。在学生迷惑的时候，教师应对学生进行耐心引导，启迪他们往正确的关联方向思考，最终促成正迁移的产生，让学生在不断地正迁移过程中，摸索出体育学习的真谛，将体育学科规律学习延伸到未来的各个学科和领域之中，成为一个会利用已学知识举一反三的真正会学习的人才。

今天的体育课程标准，早已脱离了安排具体教学内容的低级阶段，给学生和教师提供了更大的学习与教学空间，赋予了更多的创新性。因此，在体育教学过程中，教师应根据学生的兴趣需要和身心发展特点，选取能够调动学生积极性的体育运动内容，充分安排能够为学生带来乐趣和成功体验的运动项目，让学生积极加入到课堂教学中来，享受主体地位。当然，在体育教学过程中，掌握知识和技能仍然是基础教学目标。帮助学生实现从"学会体育"向"会学体育""会用体育"良性过渡，才能最终达成"终身体育"的目的。

二、"尽心尽智"是高校体育教师应有的态度

现代体育教育的重要性已经得到越来越多教育专家的认可，它不仅承担着提高学生身心健康的重要使命，而且帮助学生发展德育和智育。为此，"尽心尽智"地上好体育课才是体育教师应秉持的正确态度。

但如今，大多数人仍把体育视为非主要学科来对待，甚至体育课被其他学科抢占的现象时有发生。但是，体育也是素质教育的一项重要指标之一，没有体育的素质教

育是不完整的教育。相反，它承载着促进学生身心健康的双重使命。从这个意义层面上来看，体育教师所肩负的责任比其他任何学科的教师都重得多。因此，体育教师应该"尽心尽智"地上好每一节体育课，认认真真地完成每一个教学目标和任务，踏踏实实地做好以下五项工作。

（一）以爱为本，因材施教

教育家程红兵说："有真诚的爱心，才有流动的血脉，才有生命的教育。"一个优秀称职的体育教师要有一颗爱学生的心，把学生当作是自己的孩子，就像苏霍姆林斯基那样乐于把整个心灵献给孩子。以体育考试成绩为例。经过一个学期的体育学习，大部分的学生在期末考试中获得优异成绩，也有少数学生的成绩不够理想。此时，老师需要付出更多的耐心，帮助他们在一次次练习中重新挑战自己，获得自信，让学生在老师有爱的教学中茁壮成长，进而创建一个"有爱"的教师队伍。那么在接下来的补测中，这些学生的成绩会取得质的飞跃，他们每个人的脸上也会露出满意的笑容。诚然，要让他们知道，测试并不是最终目的，重要的是要让他们在爱的浇灌下茁壮成长，这才是每一位教师的最大心愿。

（二）营造氛围，提高效率

体育课与文化课教学不一样，它本身的特性决定了它活泼、愉快的课堂氛围。体育课的最终目的是让学生在和谐愉快的氛围中，调动兴趣，掌握运动技能。体育课大部分内容以单纯的技战术教学训练为主，课程自然会略显枯燥乏味，激发不了学生的学习兴趣。体育教师可以通过在体育教学中融入适当的体育游戏，激发学生的学习兴趣，满足学生日益增长的体育需求。通过游戏的开展，学生学习专项运动技术的效率也会大为提高。由此可见，体育教师在教育过程中加入游戏环节，可以营造出一个愉悦、融洽的学习氛围。

（三）优化结构，转差培优

"爱是教育的前提"，作为一名教育工作者，要关爱每一个学生，不管是成绩优异的，还是成绩平平的。面对一些成绩不理想、调皮捣蛋的学生，教师不要言语讥讽，不管不顾，要学会科学、合理、机智应对，谆谆教导，循循善诱，抓住他们的兴趣和在意的事情，打开他们的心扉，让他们意识到老师对他们的注意、尊重与认同。诚然，这期间需要体育教师付出真诚和无私的爱。体育教育应该坚信真诚永远大于技巧的原则。教师对学生全心全意的付出，相信终有一天学生能感觉得到，进而向好的方向转变。苏联学者苏霍姆林斯基多次谆谆告诫教育者，不能让学生那种"成为一个好人"的愿望的火花熄灭。

（四）重视道德培养，教育学生做人

大学时期，是学生从学校走向社会的转折时期。那么对于一个高素质的体育教师来说，培养学生良好的体育道德也是体育教学的重要任务。古今中外伟大的教育家、思想家都认为体育教学不仅要提高学生的身体素质，更应注重对学生进行精神教育和道德教育。以奥运会为例。奥运最重要的不是比赛的名次和奖牌的数量，而是全世界人民之间的友爱和人类在奥运场上一次又一次的自我挑战。良好的体育道德才是体育事业得以兴盛的因素之一，人们也终将受益于此。

（五）转变教育理念，倡导合作学习

现阶段，我国很多高校大力推行教育改革，体育教学也在其中，"合作学习"便是体育教学改革的一项重要内容。合作学习就是要营造一种"在合作中竞争，在竞争中合作"，"在乐中求学，在学中取乐"的全新学习氛围，它符合素质教育的最新要求。合作学习可以培养学生的主体性意识，激发学生的创新和成功的意识，培养学生的责任感和合作精神，因此它是一种愉快的体育教学方法。它还有利于形成师生之间相互尊重、相互配合、相互理解的良好氛围。

综上所述，体育教学的最终目的是帮助学生塑造健康的道德品格，发展学生的综合素质，使之成为满足社会需要的栋梁之材。因此，体育教育工作者一定要倾注全部的爱心、力量和智慧于教育之中。

三、高校体育教学中实施培智教育的有效途径

（一）体育与智育相互联系，对人的全面发展具有重要意义

马克思曾说过："我们把劳动力或劳动能力，理解为人的身体即活的人体中存在

的、每当人生产某种使用价值时就能运用的体力和智力的总和。"从马克思这一政治经济学观点中，我们可以看到他对人的全面发展的定义，那就是对体力劳动和脑力劳动都能运用自如的人才算得上是一个合格的全面发展的人。由此可见，人的全面发展的本质特征应该是涉及各个方面的，但最基础的当属体力和智力的发展。因为对于任何一个社会个体而言，无论你从事哪种社会活动，最后都需要手脑并用才能够完成。任何只单纯依靠体力或者脑力的劳动都是不存在的，这也是人之所以是人而不是动物的决定性因素。只有使二者有机结合起来，运用到具体的社会实践之中，人才能获得全面发展，而且人的发展最终也会反作用于体力和智力的发展。马克思和恩格斯不仅揭示了人类自身发展是片面向全面发展的客观规律，而且详尽地阐述了人全面发展的本质特征和真正含义。

（二）体力与智力发展并进

纵观世界，不管东方还是西方，教育的目的就是育人成才，克服人自身的不足，进一步发展人的体力和智力，使人趋于完善。智力是人对客观事物的自我认知和运用已储备的知识解决现实问题的能力。通常情况下，人们常说的智力主要包含观察、想象、注意、记忆、思维、分析、判断等一系列心理内容。首先，智力的发展离不开它赖以生存的土壤——大脑，大脑为它提供生存的土壤并源源不断地供应其营养。其次，智力的发展还离不开社会实践活动，没有深入社会实践活动中，人是不可能获得超越常人的智力的。在现实生活中，我们熟知的伟大人物都是经历过人生的历练才成长起来的。当然，伟大的人物并不一定都是外表威武强壮的，他们中也不乏瘦弱矮小的心灵巨人。由此可见，智力和体力并不一定是成正比的。于是，有一些人就开始把智力和体力对立起来看待，重文轻体和重体轻文是其中最常见的两种错误思想。居里夫人说过："科学的基础是健康的身体。"古今中外许多做出丰功伟绩的英雄人物，其才能不仅表现在智慧上，也表现在顽强拼搏和舍己忘我的精神上，他们还很注重身体的健康。为了实现强国富民，我们不仅需要储备大量的科技人才，还应该大力发展一批优秀的体育人才，尤其是发展一批文武双全的人才。

（三）体育锻炼能促进智力发展

受传统观念的束缚，长期以来，体育教学一直不受重视。很多学校注重学生的文化课成绩，对于体育成绩持忽略态度，甚至有些把体育运动看作胡蹦乱跳的体力活动。显然，这是人们对体育运动的误解。体育运动除了能够发展人的体力外，还能发展人的智力。清华大学的一位学生曾做过这样的实验：他一改往日学习 8 小时的习惯，每天从 8 小时里抽出 1 小时进行体育活动。经过一段时间的实验，他得出结论："7 小时的学习+1 小时的锻炼>8 小时的学习"。这就是著名的"8-1>8"理论。由此可见，体育锻炼对于开发人的智力有着非常重要的意义。众所周知，人的智力水平可以通过如记忆能力、思维能力、想象能力、判断能力等表现出来，并且大脑为这些心理过程提供了物质条件和营养补给。那么大脑是如何产生记忆、思维、想象和判断的呢？这也是现代生命科学的研究方向。

健康的身体为智力的发展奠定了坚实的物质基础。有实验表明，经常参加体育锻炼能增强人的体质，增加大脑的重量和皮层的厚度。实验者用老鼠做实验。老鼠被分为两组，一组被关在小笼子中，限制其在里面运动，另一组被关在大笼子中，让其自由运动。一段时间过后，对它们的大脑重量和皮层厚度进行测量，结果表明经常运动的老鼠大脑皮层厚，大脑重量重，脑细胞树突明显且密集。这也印证了体育运动能强身健体、开发大脑这一科学论断。

大脑是人体的司令部，是人体的总指挥部。经过漫长的历史岁月，人脑逐渐从动物那并不发达的大脑进化成智能化的人体大脑。人体大脑像饱经岁月沧桑的老人的脸，颜色发灰，褶皱遍布。大脑的主要构成单位是大脑细胞，大脑中约有 140 亿个脑细胞，其中 92 亿个集中在大脑的表层。脑细胞就像是一台电子计算机，有着接收信息、储存信息、传递信息的功能。

众所周知，电子计算机内有几十万个电子元件，且体积庞大。而人脑所拥有的脑细胞要比电子计算机多一万倍左右，但是体积却比它小得多。由此可见，人脑构造是多么精密与复杂。人脑的工作需要充足的氧气和营养供给，就像电子计算机工作需要能源支持一样。这就需要我们进行充足的体育运动锻炼，来确保能量源源不断地供给大脑。

调查研究表明，经常参加体育运动的人，大脑神经细胞反应速度较快，表现在外在物质器官上就是视觉、听觉比较敏锐。国外也有学者指出，一个人的思考速度和反应速度直接反映着他大脑细胞的反应速度。大脑最大的应用就是可以对接收的信息进行加工、整理和编程，传输给下一次应用。从大脑的生理学角度分析，左右两个半脑分工明确。右半脑主要负责情感和意志，左半脑主要负责推理和思维。例如，在进行创造性思维时，左半脑起着决定性的作用，而在进行情感体验和文学创作时，右半脑起着决定性的作用。对于体育运动而言，它同时开发左右两个半脑，激发大脑的无限潜能，促进智力的跨越式发展。

（四）体育锻炼可促进健康

科学、合理的体育运动不但可以帮助人们强身健体，还可以促进其智力开发。但是，这并不等同于体力发展的同时智力一定会跟着发展，二者之间有着本质区别。体力的发展必将为智力的发展提供一片沃土，并为其供给营养，这一点是毋庸置疑的。体力要最终转化为智力还需要一个磨炼的过程，这期间需要调动大脑的多种思维细胞，在挑战过程中发现规律，将体力内化为智力。如果把大脑比作一把刀的话，那么用大脑思考就像是在磨刀，大脑要像刀一样多磨，才会变得更加锋利。

第三节　"寓美于体"教育思想

一、高校体育教学美理论初探

20世纪80年代初，体育教学美逐渐成为一门独立的研究学科。体育教学美理论研究范围广泛，主要涉及体育教学美的定义、理念和主要分类等。但是，具体到现实的实践阶段时，大家的认识仍然存在诸多问题，归根结底，还是对体育教学美的认知不够深入和彻底。表面上，体育教学虽然看似形式单一，毫无美感可言，但这其实是对体育教学的一种误解。体育教学中美的创造和体现无处不在，只是我们还没有用心去挖掘。因此，体育教学美研究学科的诞生可以帮助体育教师对体育教学美有更深入的了解和认识。

（一）体育教学美的定义

体育教学外在表现为身体的运动状态，内在表现为对人体的各种塑造。若套用形式逻辑学中的定义概念模式"定义项＝种差+属概念"的话，那么关于体育教学美的思考，可以定位在"种差'体育教学'"和"属概念'美'"上。体育教学存在于整个学校教学之中，是学校教学的一个重要部分。体育教学是一个以体育教师的引导为主的教育过程。学生由于生理和心理还不太成熟，需要在体育教师的正确引导下来提高自己的兴趣，使自己融入体育教学之中，在体育教学中主动学习各种体育技能，最终使自己的身体、道德素养和智力都得到发展。

作为哲学和美学重点讨论的话题——美的本质的理解，马克思在他的代表作品《1844 年经济学哲学手稿》中重点对其进行了解释。马克思认为，"劳动创造了美"，"人在他所创造的世界中直观自身"。由此可以得知，美的本质其实就是"人的本质力量对象化的感性显现"。紧随其后的实践派李泽厚继承并发展了马克思关于美的本质的观点。他认为，美是在人类的劳动生产实践过程当中产生的，此观点与马克思的观点有异曲同工之妙。美学，究其实质，其实属于哲学范畴，它的目的就是引发主体享受美的体验。当然，美的形态有很多种类。如果按照领域标准来划分的话，美主要可以分为艺术美和现实美。如果按照性质标准来划分的话，美主要可以分为形象性的美、创造性的美和情感性的美。在这三类美当中，创造性决定着美的生命进度。所以，在体育教学进程中，如果想让学生更多地感受到体育教学的美，那么教师应该在教学方式方法上进行变革，只有教师创造性地将审美与知识巧妙地融合起来，才能永葆体育教学美的青春与魅力。

（二）理解体育教学美的三种视角

1. 体育教学美的手段论：以美育体

以美育体，简而言之，就是充分挖掘体育深层次的美育因子，把学生引向对体育美的感知、欣赏和享受阶段。体育美可以激发学生的学习兴趣，让学生在掌握体育美的同时，将其内化到自身，拥有自身特色的运动美和健康美。这也为将来学生学习体育技能和终身体育锻炼打下坚实的基础。

在传统"三基"体育教学模式和教学目标的影响下，教师更加注重对体育教学中外在形式美的追求。他们希望通过教学让学生展现出健康的体态，带给人们美的享受。例如，教师可以从造型美、仪表美、语言美、示范美、精神面貌美和技巧美等方面加大美育教学的力度。这些美的因子可以以不同的顺序进行排列组合，创造出更多新形式的组合美，以此来激发学生对体育运动的兴趣，使其积极投入到体育教学过程之中，让学生在饶有兴趣的体育学习之余，也使自己获得更美的享受。

2. 体育教学美的目标论：以美育人

以美育人，实际上就是要以美作为体育教学的目标，相对于以美为手段的体育教学美而言，这显然更具有导向作用。因为把美作为教学目标的话，其中必然包括把美作为手段去应用，但是它又不仅仅只是作为手段而存在，它具有超越性，直接指明了体育教学的最终目的就是以美育人。以美育人旨在发展学生的身心健康，因而以美育人更能发展学生的个性美。

强健的体魄为精神的发展提供了坚实的基础和无限的可能。从这种意义上讲，体育美学保障了学生身心健康。它既能为有限的生命提高体力、增强体质，又能促使无限的精神领域实现质的飞跃。体育美学不再把内容限定在发展学生的身体美、运动美的狭隘领域，而是向前迈进了一大步，它更加注重发展学生的个性美，使体育教学完成了从教授技战术转向发展学生个性的质的蜕变。当然，这种质的蜕变并不是说就可以弃技能和健康于不顾，只是一味地去注重发展精神领域。我们要端正态度，在发展精神领域、实现个性美的同时，不应该忽视发展学生的技能和体质，要在这些基本的物质基础上大力发展精神世界领域，从手段到目标都应该实现美的教育。

自国务院颁布《全民健身计划纲要》之后，我国体育教学的目标逐渐拓宽到了生理、心理和社会适应三个方向，成为育人的新型综合目标。因此，在接下来的育人过程中，需要将育心与育体结合起来，将主体需要与社会需要结合起来，将增强学生体质与终身体育意识结合起来，使得教育从对学生体质和运动技能等"有形"的关注，逐渐转向社会适应、心理健康等"无形"的关注，尊重学生的主体地位，促进学生的全面发展。在体育教学美的教育下，学生能获得一场享受美的视觉盛宴和情感体验，进而丰富情感和完善人格。

3. 体育教学美的过程论：美的享受

体育教学的美可以直观地体现在肢体语言、色彩、线条、动作等载体上。它既不像其他学科那样需要说理式的教育，也不像其他学科那样进行表象式教育，它是二者的有机融合。因此，体育教学美的过程是一种美的享受过程，是对真的把握和对善的追求的生动过程，它是体育教学设计者经过思考后的再创造过程，它是教师用各种教学组织方式和手段使得原本枯燥单一的动作技能学习变得情感味十足的过程，它是教师凭借自身魅力使学生向其靠拢的过程。体育教学美最大的特点是直观感性的，它需要借助动作、形体、空间、移动等载体来传递，只有把体育教学美不再当作课堂点缀，始终如一将其贯穿于体育课堂教学的始末，才能最终促进学生的全面发展。

运动的整个过程体现为运动的形式、运动的状态、运动的方式和运动的过程等。运动中达到极致的人体美，运动的形式融入了节律与和谐；动作的结构蕴含着力的最小化与做功最大化的美；运动过程中的人自由支配身体，自我表现精神美……由此可见，体育教学与美的关系非常紧密，二者不可分割。因此，学生不仅要以强身健体为目标，还应该把美融入体育学习之中，做到健中有美、动中有美，让自己享受美。就教学内容而言，教师要充分挖掘体育教学理论和实践中的各种美的要素，尤其是美感丰富的运动项目，如健美操、艺术体操、体育舞蹈、花样游泳、花样滑冰等，让学生在学习优美的肢体动作之余，深入理解肢体动作的内涵特征，让自己的身体在这种美的熏陶下获得释放。就教学方法而言，教师要在教与学的过程中，广泛借鉴美育的各种方法，尽一切可能地创造各种审美要素，提升学生的学习效果和审美能力。

（三）体育教学美的理念高度：生命关怀

体育教学美的最终目标就是把教学目标提升到生命关怀的高度。古今中外伟大的教育家、思想家都提出过人文关怀的主张。中国先秦道家的代表之一老子把"道法自然，自然无为"的自然生命精神融入修身养性中，张扬着一种质朴的"生"的精神。西方学者杜威立足于体育教学自身"生长"特性的教育思想，认为体育教学就是遵循人的本性，让学生自由地探索，自由地创造，自我的实现，成为全面发展的人。苏联学者苏霍姆林斯基认为"学校里最基本的科目应该是人学"。因此，体育教学应充分尊重人性的发展，通过体育教学这一途径，促进人的生命意义趋向完整。体育教学美帮助学生养成良好的身体素质和体格，让学生理解美的真正内涵，掌握审美技能。

在体育教学美的指引下，体育教学实现了从教师预先设计目标转向学生主动建构美的蜕变，这个蜕变的过程实际上是学生探索、发现、解决问题的主体生命行为过程。教学内容也因此一改之前的被动、权威、死板，变成了一个需要再理解、再创造的鲜活个体，它需要主体对象对其进行情感灌溉，使其拥有生命价值。因此，体育课程的设计者和参与者需要积极调动自己的情感，使体育教学富有生命色彩。

现代的体育课堂，对于体育教师而言，应该是实现生命价值、建立生命家园、体验生命激情的乐土。对于学生而言，它应该是焕发生命活力、充满生命律动、舒展生命张力的天堂。

从体育教学美出发，体育教学的过程应该是教师与学生之间、学生与学生之间相互交融和相互契合的过程，在此过程中，师生的生命价值与活力得以尽情展现。

(四) 实现体育教学美理念的难点：情感关怀

苏联教育家赞可夫说过："教学方法一旦触及学生的情绪和意志领域，触及学生的精神需要，便能发挥高度有效的作用。"可见情感之于体育教学的重要意义。因此，在体育教学中，如何运用情感成为体育教师亟待解决的重要难题。如果体育教师能够把自己的情感恰当适宜地注入体育教学之中，必将起到营造体育课堂教学氛围、美化体育课堂教学情境之功效。

体育教师可以通过表情、言语、示范动作等，将自己的情感传递给学生，让他们感受到情感关怀的暖流。

体育运动过程是一个可以帮助学生活跃大脑、开发情感的过程。在此过程中，师生之间情感共鸣，共同产生愉悦、舒适的情感体验。

运动和感知之间有着某种特殊的联系。正常情况下，在运动的过程中，人的感知会变得相对较弱。虽然我们不能强求既能体验运动，又能感知万物，但是我们可以从运动过程中的某一具体事物出发，将想象与现实相结合，以此来拓展我们的情感空间。当然，情感关怀除包含快乐、愉悦等内容外，还应涵盖紧张、焦虑、忍耐、痛苦等内容。只有充分重视体育教学中有可能发生的各种情感，才能让学生在面对突发状况时积极应对，最终促进体育教学效率的提高。

(五) 体育教学美的分层与演进

体育教学美隶属于教学实践活动范畴，它与体育教师的体育价值观念、教学思想、体育审美情趣紧密相连。体育教学美不单单体现在体育教学形式上，它更体现在体育教学思想上。体育教学美的外在表现形式是技能技巧方面，体育教学美的内在表现形式则是其先进的教学思想。只有形神兼备的体育教学才能达到真正的体育教学美。而体育教学美则必须通过不断的创新和重组，才能发挥其陶冶、愉悦、和谐的作用。

1. 初级追求：美的方法

体育教学追求美的方法是多种多样的。有的是教师在教学实践中积累、总结出来的，有的是直接借用其他学科的教学方法。当然，无论是采用直接的方法还是间接的方法，当它以娴熟的教学技巧展现在体育教学课堂时，它无疑就是美的，也是体育教学美的重要构成要素。

首先，设计美教学。体育教师如果多了解学生的心理需要和审美需要，在学生需要的基础上设计体育教学环节，可以对提高教学质量起到事半功倍的教学效果。

其次，语言美教学。语言属于体育教师基本教学能力的范畴。体育教师的语言美也是体育教学美的一种表现形式。古人云："师者，所以传道授业解惑也。"这也揭示了教师的职业特征和目标。而在传道、授业、解惑的整个过程中，语言教学是不可或缺的要素之一。因此，体育教师的语言应当简单明了，逻辑性强，情感丰富。体育教师只有在语言上做足功课，才能成功吸引学生的注意力，开启学生想听、爱听的第一步，无形中达成语言美的体育教学目标。倘若体育教学中没有语言美的话，那么后面的体育教学美也就举步维艰了。

第三，形式美教学。体育教学的形式美突出表现在队列设计上，这已成为引导学生练习的重要手段之一。在教学中可用一些图像器材，刺激学生的感官，激发学生的兴趣。当然，教学内容不同，队列图形也不尽相同，这需要体育教师在体育教学过程中灵活掌握和运用。例如，体育教师进行武术教学时，可以采用太极队列进行教学；进行健美操教学时，可以采用圆形队列进行教学；进行田径教学时，可以采用方形队列进行教学。在不同教学内容中采用不同的队列队形，学生觉得新鲜，增加学习体育知识的乐趣，带来美的享受。

第四，动作示范美。体育教师是学生学习的榜样和楷模。因此，体育教师的示范显得尤为重要。体育教师熟练的技术、优美的动作、强壮的体格，都可以成为学生模仿的对象。

2. 中级追求：美的心理体验

在体育技能学习过程中教师对学生练习的动作或比赛的欣赏，可以引起学生对体育技能、技术学习的兴趣，引发学生的求知欲望，从而达到美的自我心理体验，使其积极主动地投入学习。学生一旦主动、自觉地学习，他就可以亲自看到学习进步速度和学习成果，在学习过程中体会到战胜自我的快感。学生通过对自己的表现做出积极中肯的自我评价，不断自我激励，增加自信心，未来的学习过程充满正能量，用积极的态度迎接将来的各种挑战。教师应引导学生学会自我欣赏，教会学生排除干扰，把精力集中在技能技术的钻研、模仿、比较、形成、提高上，形成清晰的运动表象。学生对自己体育美的正确欣赏和中肯评价会激发大量的情感，学习的积极性、满足感和自豪感也会接踵而至，最终超越自我。

在体育美的教育过程中，仅有学生的自我欣赏是不够的，还应欣赏他人。欣赏他人包括欣赏老师、欣赏同学和欣赏高水平运动员等。通过借助他人的力量来丰富自己的感性认识，提高自己的理性认识，这也就是所谓的"美的他人欣赏"。为了激励自己的运动技能水平达到一个新的高度，学生可以把优秀运动员的完美技艺视为自己将来要努力的方向，进而端正学习动机，激发无限潜能。对于一场体育比赛来说，最受关注的莫过于教练员、运动员和裁判员了。因此，他们也可以被视为重要的欣赏对象。教练员沉着冷静地欣赏着赛场上每一位运动员的表现，对他们进行及时的反思与总结，并帮助运动员端正心态；运动员胜不骄败不馁，在比赛中不求超越别人，只求超越自己，顽强拼搏，自强不息，尊重对手，尊重裁判，积极履行体育职责，践行体育精神；裁判员公正执法，严于律己，公平对待每一位选手，认真观察每一个比赛细节。通过对这些教练员、运动员和裁判员的欣赏，学生们可以领会体育精神，进而提高体育兴趣。仅从这个角度来看的话，体育教学所带给学生的欣赏内容是体育比赛无法比拟的。

3. 高级追求：美的创造性教学

美之所以为美，就是其具有自由创造性这一精髓。同样，创造性也是体育教学美的一大特点，因为美的教学在于创造，最忌模式化。黑格尔认为："审美带有令人解放的性质，为人的自由发展开辟通向未来的道路。"教学可以不断警醒学生大脑中的理性法则，让沉睡于个体生命的社会规范不断苏醒过来，让生命具有无限可能性。

体育美教学是以切合实际审美的要求和明确的审美目标为导向的。这就对体育教师自身的美学素养提出了高层次的要求。体育教师要想实现体育教学美，就要勇于打破常规思维，随机应变处理教材内容，促进教学美的产生和发展。转换思路，变通思维，带动学生参与教与学的全过程是每一位体育教师应有的态度。体育教师要想实现体育教学美，就要学会打破体育课程标准的层层束缚，将教学内容重新进行排列组合，融入新的特色内容，填补教学空白，创造出一个又一个让人记忆犹新的教学环节，使得体育教学美展现得淋漓尽致。在体育教学过程之中，体育教师要善于把身边的感性材料和艺术形式，引入体育教学中，焕发体育教学新的活力，以便吸引学生，帮助学生理解所学知识。在祥和的同学关系、师生关系中，师生共同体验美、享受美、憧憬美。

4. 终极追求：追求体育教学美的精神

"成人""为人""完人"是现代体育教学美活动的全过程，促进人的美的精神成长，精神的自由一旦丧失，就意味着"为人"的自由被遏止。因此，学会和追求体育教学的美学精神自由应该成为体育教学的重要目标。

人类之所以创造体育，其目的在于人们想通过体育感受人生，愉悦生命，享受生活，进而寻求美、创造美、提升美，以获得精神世界的享受。在追求体育教学美的时候，学生应该清楚地知道掌握相应的运动技能。人只有在自由支配身体的基础之上，才能获得自由支配精神的可能。体育美的精神并不只是单纯地满足某种生理的需要或某种身体本能，更主要的是能够带给人们一种精神享受，这种享受是普遍的、永恒的、深刻的。美不仅有利于陶冶人的情操，增强人生信念，鼓舞人的斗志，弘扬人性，文明净化社会，还有利于我们看清未来，憧憬未来。通过体育教学，学生能够捕捉到体育情感想象、生命关怀等符号，带着发现美的眼睛去看待整个世界。

二、美在高校操类教学中的合理运用

健美操已经成为当今社会人们健身、休闲、娱乐的重要体育运动项目，它之所以能够在短短的二十多年里走进人们的生活，改善和愉悦人们的生活，深受人们的喜爱，与当今社会人们对美和美好生活的无限追求息息相关，也是与健美操自身深厚的美学基础、符合人们审美心理需求的特性密不可分的。进入新世纪，健美操活动已席卷全国的各大城市，深入各个社区和校园，尤其是伴随着全民健身活动的进一步开展，健美操以其独特的魅力和功效，深受人们喜爱。围绕健美操而开展的各项活动也越来越多，越来越流行，如规模盛大的高水平的全国健美操锦标赛和大学生健美操比赛，迅速发展的各种形式的健身俱乐部，各种聚会和晚会中的健美操表演等。

（一）健美操运动的美学原理

美的基本形式主要表现为整齐、对称、比例、均衡、对比、和谐、层次、节奏、多样统一等方面，这为健美操创编者提供了基本的美学理论。

根据健美操的定义可知，健美操有三个方面的含义：第一，健美操是以裁判员依据规则评分为主的体育运动项目，这决定了健美操创造美要遵循体育美学的标准和要求；第二，健美操如同音乐、舞蹈等项目一样是以艺术表演为主的观赏性项目，这决定了健美操美的实现要遵循艺术美学、音乐美学以及人体装扮美学的基本要求；第三，健美操是以达到健身、健美和健心为目的的娱乐、观赏型体育项目，这说明健美操只有达到塑造身体形态美、健康美的目的，并符合当今社会对美的追求，才能健康、稳定地向前发展。

从健美操概念的三个内涵可以推测，健美操的美受体育美学、艺术美学、音乐美学、人体装扮美学、人体形态美学和当今社会人们的审美观等诸多方面美学理论的影响。我们应当根据各方面美学原理，设计和创编出更符合人们对美的需求的技术动作和套路，将健美操的生命源泉进一步推动发展。

为此，在设计和创编健美操时应主要遵循以下各方面美学原理。

1. 体育美学中的"技术美"决定健美操运动技术的发展方向

（1）体育美学中的"技术美"。在体操运动项目中，凡是运动员创造出的新动作都以他的名字来命名，像"吊环李宁""月久空翻"等。这就进一步说明了技术既是人类向自然显示自身力量的过程，又是向自身挑战的过程，是人类本质力量的体现。这就是健美操运动技术美的主要源泉。

体育"技术美"主要通过"动作美"来表现。"动作美"是由身体姿势、轨迹、时间、速度、力量、节奏等因素组成的，是一种动态的美。人体运动是体育存在的方式，体育美必须通过优美、细腻、柔软、精巧、刚健、雄劲、明快、敏捷等各种的人体动作及其组合来塑造美、创造美、表现美。"动作美"在体育美学中处于基础地位。"动作美"的特点在于准确、干净、协调、连贯、节奏感强，给人一种完美、无懈可击的感觉。

应特别注意的是，运动技术的创新性是健美操运动技术美的源泉。

（2）体育美学中的"技术美"对健美操运动技术设计与实现起着"导航"作用。

健美操是现代体育项目的宠儿，在创编技术动作时应注意其每一个动作的构思，确保技术动作的创新性，以其技术动作的"难、新、美"来适应社会新的发展，进而满足人们对新的美的追求。健美操应根据体育美学的要求，创造自身特有的"技术美"，并在表演时展示出来。其具体要求如下：

1)"动作美"的设计与实现是健美操"技术美"的核心。动作优美是健美操"技术美"的关键。健美操是一项以美取胜的竞技项目，美是健美操的最高旨趣，要想做到"动作美"，基本动作必须标准、规范。根据健美操竞赛规则，运动员在比赛中必须完成一些特定的、不同类型的难度动作（如动力性力量、静力性力量、跳跃、踢腿、平衡、柔韧等）和具有健美操特色的操化动作及基本步法。这些特定动作的选择与完成，不仅是运动员技术动作能力的展示，而且也表现了体育运动美的最高级形式。整套动作编排美观大方是夺冠的关键因素之一。

健美操"动作美"是通过个体或群体以形体运动的形式表现出来的。运动员要巧妙地协调运用训练有素的内力及柔韧性控制完成各种不同的身体姿势，表现出特别能具体体现健美操运动风格的造型美、柔软美、力量美、难度美以及新颖美等。同时，在完成成套动作的过程中每个单个动作的完美无缺，衔接动作的自然流畅以及适宜的动作幅度是健美操运动所特有的美学要求。例如，动态形式中表现空中变化的大跳成俯撑、空中转体成俯撑、单臂移动俯卧撑，表现柔软的各种劈腿、劈叉和静态形式中大量的人体静态造型，如单臂分腿高直角支撑、"叠罗汉"等充分展示了运动员良好的身体素质。这些动作位置高低的变化、速度的变化、层次的变化、幅度的变化，共同构成了健美操所特有的一种风格和美学特征，使人们产生了惊险、意外、刺激的情绪美。

2)重视塑造运动员的姿态美。姿态美是人体具有造型性因素的静态美和动态美的综合表现，是身体各部分配合而呈现出来的外部形态的美，它反映了一个人的风度和气质。优美的体态，即良好的身体姿态，尤其表现为身体活泼、流动的动态美。

要做到健美操的"姿态美"，每个动作都要达到特别的要求，以超难度技巧、独特新颖的编排、舒展大方的动作、各式各样的造型及协调一致的音乐配合等因素将其展示出来。编排健美操时，每个动作、造型的选择一般都要考虑到运动员身体形态，以及运动员做该动作所表现出来的身体姿态。例如，健美操对支撑类动作的要求是：每个支撑动作必须保持2秒钟；支撑转体时必须完整；所有的直角支撑动作，腿必须垂直；高锐角支撑动作，后背必须与地面平行；所有的水平支撑动作身体不能高于水平45°。

无论是竞技健美操还是健身健美操，姿态动作都应自然大方，充满朝气和活力，并要贯彻体育美学中"立如松，坐如钟，卧如弓，行如风"的人体姿态美的要求。"立如松"是指健美操运动员或锻炼者不管是开始的站立姿态，还是亮相或结束动作要如松树般端正挺拔，头、颈、躯干和脚的纵轴应在一条垂直线上，抬头平视收下颌，立颈挺胸收腹，沉肩两臂自然下垂，臀部紧缩而双腿上拔，使男子充满力量感和男子汉的气概，女子则亭亭玉立，富有弹性感和宁静感，还有一种豪爽英气，别具现代女性的魅力。"坐如钟"是要求健美操运动员为坐姿时，要如铜铸大钟般端正稳重，挺胸收腹。"卧如弓"是要求运动员在有倒地动作时，要协调自然，轻松自在。"行如风"是要求运动员行走时，步态如清风般轻松快捷，不要拖沓滞重，以免破坏美的享受。

2. 舞蹈艺术美学给健美操表演的艺术特点和艺术表现力提供了有益借鉴

任何一种舞蹈艺术都是人类物质和精神生活的载体。舞蹈是以人的形体动作为基础表现手段来塑造形象、表情达意的表演艺术。具体地说，舞蹈是以表演者自身的形体动作、姿态、造型等为传达媒介，以人体动作在幅度、力度和角度上的变化、运动为艺术语汇，表现人的内心情感、审美追求以及时代精神的表演艺术。

（1）舞蹈艺术的美学特征：

1）动作性、韵律美。舞蹈借助音乐旋律的变化来表达舞者不同的内心情感，并借助音乐的结构来组织舞蹈自身的结构和进程，这样才能跳得有弹性、有情趣、有韵味。

2）程式化和虚拟性。舞蹈动作的程式化，是舞蹈发展到较为成熟阶段的产物，它丰富和提高了舞蹈动作的表现手段，使舞蹈动作显得规范整齐、活泼自然，并较稳定地传达一定的情感意蕴，有助于舞蹈风格的形成。这在古典舞、芭蕾舞中更为明显。

3）表演的综合性。舞蹈虽不属于综合艺术，但在表演时也有不少综合性特征。例如，舞蹈动作在短暂停顿时，具有明显的雕塑意义，以至西方的舞蹈家认为"舞蹈家的任何瞬间都该是雕塑家的模特儿"。舞蹈同音乐更是密不可分的孪生姐妹，音乐是"舞蹈的灵魂"，"音乐中包含了并决定着舞蹈的结构、特征和气质"。舞蹈的节奏常常靠音乐伴奏和指挥。此外，在舞蹈中，造型艺术也必不可少。舞蹈演员的服饰、道具，使舞蹈的形象更具体、鲜明；舞台美术、灯光配备等，对舞蹈表演起烘托气氛的作用。

（2）舞蹈艺术美学为健美操的艺术设计和艺术表现力提供借鉴。从艺术角度上看，健美操与舞蹈艺术美实际上是统一的，是人的本质在实践中的感性显现。舞蹈艺术的概念是指各种舞蹈艺术的总和，通过表演动作创造艺术形象。而健美操的诞生源于人们对健美身体的追求，是体操、舞蹈、音乐逐步结合的产物。

总之，融艺术表现为一体的健美操运动，是一种时代气息的再现。它流露出的自然美，就是我们追求的健美操运动的最高艺术境界。

3. 音乐影响健美操动作完成的和谐美，并能同健美操动作一起反映整套健美操的思想内容主题

音乐最擅长揭示人的心灵世界，有人把它称之为"诗的心理学"。音乐可以像激光一样深入人类灵魂深处，寻幽索隐，把人类各种复杂难言的心绪全都映示出来。因此，德国音乐家玛克斯称"音乐可以再现心灵的一切"。

音乐是发挥健美操运动员艺术表现力的重要因素，影响健美操动作完成的和谐美，并能同健美操动作一起反映整套健美操的思想内容主题。

从健美操音乐的选择来看，主要有两种方式：一是根据动作选择音乐，二是根据音乐创编动作。但是，不管是采用哪种方式，健美操在表演时总要表现一定的主题，犹如一首诗，一幅画，能给人们带来特定环境的美感体验，这个主题是通过音乐和动作共同表现出来的。有时，一套完美的健美操动作本身就有其特定的主题思想，音乐根据动作来设计。例如，以天真活泼、顽皮可爱的动作及其组合而创编的幼儿健美操，表现日常生活琐事组合动作的中老年健美操，以及穿插于篮球比赛间隙中的啦啦队表演的健美操，等等。有时，健美操的音乐本身也反映了一定的主题。例如，在国内外大型的竞技健美操比赛中，许多参赛选手的成套动作所使用的音乐，包括以动物行为、体态为主题的音乐，根据童话故事创编的音乐以及展示民俗、民风，反映本民族典型特色的创编音乐等。

4. 人体形体美学决定健美操运动员的选材方向和人们参与锻炼的目标追求

人是"万物之灵长，宇宙之精华"。美学认为，人既是唯一的审美主体，自身也是最美的审美对象。对人体美的欣赏，在人类的文明史上经历了漫长的过程。它起源于母系社会，当时就有崇拜女性美的裸体艺术作品。不过，在世界各地区、各民族中，对于人体美的观念和标准是各不相同的，并且随着时代的变迁，人们对人体审美的标准也在变化。如在两千年前的古希腊，出于战争、竞技的需要，人们把健壮、强劲的体魄作为男子人体美的标准，甚至把它看作做人的骄傲资本；在我国唐朝女子以胖和丰满为美，而今天却把"瘦""苗条"等作为女子美的标准。

（1）人体形体美学的标准。什么样的形体才算美呢？人体美学认为主要表现在两个方面。首先，要形体匀称，比例适宜。达·芬奇在讨论人体各部分的比例时，曾制定一系列标准。比如：人的头部应同胸背部最厚处一样，都是身高的八分之一，肩膀的最宽处应是身高的四分之一，双肩平伸的宽度应等于身长，胸部与肩胛骨应在同一水平上，两眼间的距离应是一只眼的长度，耳朵与鼻子应当长度相等。符合这些比例的人体才是美的。还有人提出上下身的比例，以肚脐为界应符合"黄金分割"才较为标准。这些观点用来作为永恒不变的人体美的标准自然并不合适，因为从时代发展、民族区分等情况看，人体美的标准是形形色色、丰富多变的，不过其大致是符合实际的。再比如，五官端正，发育正常，身材适中，胖瘦合适等，关键在于适宜。培根曾说："有些脸面，一部分一部分地观察，是找不到一点好处的，但将各部分合在一起，那些脸面就很好看了。"有的人则正好相反。

（2）人体形体美学对健美操运动员的选材和人们参加健美操锻炼的启示。人体形体美学中所确定的男女人体美的标准，为健美操运动的"外在美"的发展指引了方向，给运动员选材和对表演者的挑选提供了理论依据。同时，也给参加健美操锻炼的人们确立了人体美的追求目标。

事实上，在现代社会生活中，健美操自觉与不自觉地运用艺术和体育手段向人们宣传人体美，展示人体美。健美操是一项介于文艺和体育的边缘项目，也正是由于这个属性，它又具有美的欣赏价值，不论是参与者还是观赏者都能得到精神享受。健美操中所展示的人体美，是人的形体美和姿态美的展现，是以客体规律的形式表现出的主体活动，是运动美的凝聚成果。这就激发人们追求人体美，积极、主动地参加健美操训练。

同时，健美操所追求的人体美不仅是自然的存在物，也是社会的存在物，人体美必定是自然美与社会美的统一，即体型美、姿势美、动作美和气质美的高度结合。刘海粟曾经说过："人体美，是美中之美，来自其生命和自然流动。"健美操的人体美以身体动作传情，形神兼备为特征。它之所以具有生动的艺术感染力，正是由于运动员或表演者"发于情而形于神"，与心灵共舞，把细腻的情感注入其全部的形体动作之中，塑造形神兼备的美的形象。"男子汉"就是人体美的综合表现。因此，健美操应是一种综合的整体美，其人体美所表现出的青春活力和动人魅力是内外美的统一。

5. 当今人们对社会美的追求

社会美指的是社会生活的美。它直接根源于社会实践。美和真、善有着密切的联系，离开了社会生活实践，社会美就无法存在。社会美的核心是人的美。社会是人组成的，社会只能是人的社会。人，也只有人，才是社会的主体。因此，社会美存在于人自身，存在于他的社会生活、社会关系及社会环境中。离开了人，也就无所谓社会美。形式多样、表现不一的社会美，归根结底，都是人的美。人是美的创造者和欣赏者，是审美的主题；人也是美化和欣赏的对象，是审美的客体，是现实世界最美的欣赏对象。人类社会对美的追求是永无止境的，当今社会出现的各种艺术都是人类创造美和欣赏美的结果。

不同国家、不同时期、不同民族，追求的社会美也是不一样的，它事实上反映了不同国家或民族追求的美的内容是有差异的，它也侧面反映了不同国家、不同时期的社会风气。这就提示我们，健美操作为艺术运动项目也必须遵循社会美的主流，要反映社会美的主题，并创造社会美，引导人们对社会美的追求。

健美操的社会美集中体现在人的思想性格、行为举止方面。当今社会公众人物是最容易被人们效仿的，健美操通过运动员的完美表现以及运动员无可挑剔的身材，激起了人们参与的欲望和热情。健美操的社会美我们可以从以下两个方面来说。

（1）从练习者的角度看。当健美操这一时空艺术进入人的审美视野后，就变成了特定的审美对象，从而形成了特殊的审美形态。健美操美感的产生，是源于个人的直觉，也就是参加者对动作技术的心理感受，它不但存在于对美的欣赏过程，也存在于对美的创造过程，特别是艺术的创造过程。只有充分认识到美，才能唤起人心中的美感，才能调动人的感觉、情感和生命。健美操是身体的律动与心灵相融合的运动，参加者只有把全部的情感贯穿到形体动作中去，并用心灵创造美的意蕴，才能做到"以体传情，形神兼备"，而这种无声的人体语言，充满生命的激情，让人的身心得到一种无与伦比的愉悦和快感。

（2）从欣赏者的角度看。当练习者伴随着美妙的音乐旋律，运用变幻莫测的难度动作和操化动作，将美的形体、美的姿态、美的线条、美的音乐、美的队形、美的服饰呈现给观众时，欣赏者就会从表演者的表演中获得美的享受。换言之，客体所传播出的美的信息，很容易在主体眼里衍化并逐渐升华成为一种理想化的典范和一种充满韵味的象征，引起主体的心理震荡，诱导主体在一种神圣的审美氛围中感受健美操美的意蕴，并对健美操的美产生崇敬和喜爱之情。

6. 人体装扮美学是健美操实现外在美的必然条件

人体装扮美学是研究如何运用美的规律去塑造和装扮人体，使人自身变得更美的一门实用美学门类。俗话说："三分长相，七分打扮。"可见，装扮艺术在人们的日常生活中占据着重要的地位。

（1）人体装扮美学的基本内容及审美标准。人体装扮包括服装和打扮等内容。服装指的是穿着的艺术，打扮指的是化妆、美容与装饰的艺术。

1）服饰美。我国古语说："食必常饱，然后求美；衣必常暖，然后求丽；居必常安，然后求乐。"衣、食、住、行中，穿衣是人生仅次于吃饭的第二大事。从服饰的发展趋势看，它逐渐由"暖体"发展到今天人们对服饰的美观、漂亮、有魅力的要求，使之给人带来审美的愉悦。

①服饰美的流派。目前，世界上对于服饰美的追求主要可分为两大流派，一是抽象派，二是实用派。事实上，它们都是以服饰的审美功能为追求目标的，只不过各自的侧重点不同。一般来说，抽象派比较注重服装的审美观赏性，以追求审美价值为主，要求服饰能超越现实生活，具有一种审美上的超前性。而实用派相对来说较强调服装的实用价值，要求能在社会上流行开来，为人们普遍接受和喜爱。这都充分说明，服饰已成为人们社会生活中不可缺少的组成部分，它在美化人们的生活、提高人们的生活质量等方面发挥着越来越重要的作用。②服饰美的构成要素。穿衣戴帽尽管是人们不同的爱好和习惯，但是，如何穿衣戴帽有很大讲究。穿着得体，就能充分展现出服饰特有的审美内涵，与人的容貌、气质等协调一致，使人不仅具有迷人的外在美，同时也具有富有魅力的内在美。如果穿着不得体，不但不能显示特有的美感，而且还会让人感觉到别扭甚至是俗不可耐。要提高服装的审美功能，必须深入了解服装形式美的各个构成因素。

配色：配色指的就是服饰色彩的合理运用和搭配。这里也涉及色彩的审美特性问题。色彩的重要性在于它能最有效地唤起人的视觉上的美感，是一种具有很强的审美表现功能的自然物质，能够为人们所普遍接受。

色彩与人的情绪的关系主要表现为：寒暖感。色彩的寒暖，是根据色调决定的，一般将给人以暖感的色彩，称之为"暖色"，主要有红、黄等色；给人以寒冷感觉的色彩，称之为"寒色"，也叫"冷色"，主要有绿、蓝、紫等色。兴奋与恬静感。一般来说，暖色调有兴奋感，冷色调有恬静感。华美与质朴感。红色、红紫色有华美感，而黄色、橙色等有质朴感。联想与象征。红色在人们的生活经验中是太阳和火的颜色，让人联想到热情；绿色是自然中草木的颜色，让人联想到清新与美好。

色彩的这些不同的审美特性，对于服饰的配色来说非常重要。服饰的配色一定要根据人们不同的年龄、性别、性格、职业等进行。总的来说，服饰的搭配要让人感觉得体、大方，具有一定的和谐的美感。因此，服饰配色应按照美的和谐统一的原则进行。

款式：款式指的是服饰的式样和审美造型因素。服饰的款式是随着社会生活的发展变化而变化的，体现出人们对服饰美的不断追求。如人们经常说的"流行款式"等。

功能：这里的功能主要指的是服饰的审美功能。服饰之所以备受人们的喜爱和重视，除了它具有"蔽体"的实用价值外，还具有如下突出的审美价值和作用：

第一，它能起到扬美与掩丑的作用。扬美就是通过服饰的美来衬托人体的美，使两者的结合相得益彰；掩丑指的是利用服饰来掩盖人体自身的缺陷和不足，从而达到美的效果。

第二，服饰能起到美化环境的作用。

第三，服饰美能充分表现一个人的个性美。

第四，服饰美能起到引导社会的审美潮流的作用。

2）化妆与美容。

①化妆。化妆与美容也是人体装扮的重要构成部分。如果说服饰主要是用来美化人的形体的话，那么化妆和美容则主要是用来美化人的容貌。人的容貌是人体重要的外表器官组合，对于人的整体形象美起着举足轻重的作用。化妆主要指的是人的面部打扮，通过化妆品来美化人的自然容颜。今天，化妆已成为人们（尤其女性）日常生活中重要的内容，越来越受到人们的青睐。经过化妆后的容颜，能给人以强烈的视觉上的美感。化妆应主要关注脸部化妆、眼部化妆、唇部化妆和手部化妆几个重要方面。

②美容。一般人都将美容与化妆看作一回事，其实二者既有联系，又有区别。从词源学的角度讲，都是指使容貌美丽的意思。但是，美容与化妆也存在着一定的区别：从内涵的范围看，化妆的范围相对狭窄一些，而美容的应用范围要广阔得多；从功能上看，化妆主要起到美化装饰的作用，而美容则不仅仅是美化装饰自我，还具有较明确的医疗目的。

3）装饰物。

人体的美除了自然形貌以及必要的化妆与美容以外，还离不开装饰物的审美作用。有时，适宜的装饰物能起到画龙点睛的功效。

人体装饰物主要有：头饰（发卡、发网、帽子、头绳等），胸饰（胸针、胸花等），腰饰（腰带等），首饰（耳环、项链、手镯、戒指等），等等。

佩带装饰物也一定要根据佩带者的年龄、性别、着装的色彩风格，进行有针对性地选择，才能对人体美起到锦上添花的作用。

（2）人体装扮美学为健美操表演者对美的设计提供了理论基础。依据人体装扮美学原理，在健美操比赛或表演中，选择配色协调、款式新颖，有个性的服装，并进行适宜的化妆和美容，再配以独特的装饰物，将会为男女运动员或表演者锦上添花，亦表现出其独特的艺术魅力。

根据服饰审美标准，任何一种色彩都会给人以美感，因个人的审美情趣不同，在色彩的喜好上也就各有偏爱，不同的色彩自然会引起人们不同的心理感受，诱发不同的联想。健美操运动员或表演者要根据年龄、性别的特点和表达的思想感情的具体需要选择服饰的色彩搭配，通过服装的色彩传递信息、表达情感、突出个性，给人们带来五彩缤纷的景象和无限美好的遐想。

服饰作为文化的一种表现形式，从某种程度上反映该运动员或表演者的个性和气质。从总体上看，男士服装设计多表现男子魁梧强健、英武有力的风格；女士服装设计则多表现女性青春靓丽、充满高雅纯美的风格。但有时，服装的风格也可活泼多变，不拘一格。比如粗犷的整体与精巧的局部更显得别致动人，令运动员或表演者比赛或表演时豪情奔放、挥洒自如。

同时，也要重视精心挑选一件很好的头饰，如丝巾、头绳、发卡等，以及佩带彰显个性的腰带，这将会给运动员或表演者起到画龙点睛的效果。

（二）健美操运动的美学特征

如前所述，健美操是融体育与艺术于一身，以其独有的艺术魅力吸引广大群众，既有文化艺术内涵又具备体育竞技形式的一种体育活动，是继体育舞蹈、花样滑冰、花样游泳、艺术体操等项目之后的又一个体育与艺术有机结合的运动。它不仅能强身健体，陶冶情操，还有很高的观赏价值和美学价值。健美操运动所赋予人们的美感，并不是简单的人体原形的自然呈现，而是通过科学系统化专门训练的人的躯体，在音乐的伴奏下完成连贯流畅的、富有弹性的动作，以动态的和静态的外在形式所表现出来的美学特征。

（三）健美操运动的审美标准及美的创造与实现

爱美之心，人皆有之。爱美是人的天性，特别是进入新世纪以来，人们对美的追求更为强烈，尤其是中青年女性们都十分热切地希望有个健美而又常葆青春的体格。那么，作为观赏者应该如何去欣赏和享受健美操的美？健美操的创编者、舞台设计人员以及运动员、表演者又如何创造和实现健美操的美？

1. 健美操的审美标准

（1）"健康就是美"是健美操审美的主旨。今天，人们对健康的追求可以说超过了历史上任何时期，同时，除了追求身体的健康，还追求心理和精神的健康。健美操就是适应人类对健身美体的追求而产生和发展起来的一项"美"的运动。所以，健美操的观赏者应把表演者展示出来的人的身心健康美作为审美的主旨。具体表现在以下两个方面：

一方面，动作风格舒展大方、刚劲有力、协调性高，且连接流畅、造型健美，能充分体现出人们健康的体魄、健美的外形和焕发的精神面貌。

另一方面，健美操和其他舞蹈一样，整套动作的编排都有一定的思想内容，这就要求它所表现的思想内容符合时代的发展。它应向人们传达一种积极、健康、向上的精神。这种精神要通过运动员的面部表情和身体活力来感染观众，使观赏者产生共鸣，表现出想参加此项运动的强烈愿望。这样的健美操能给人们带来青春的喜悦和激情，鼓舞和激励人们更加热爱生活，努力学习，朝气蓬勃，不断进取。

（2）动作和队形编排的创新性是健美操审美的核心。创新是健美操进一步发展的生命源泉，是健美操审美的核心。所以，健美操的编排设计应有创造性，整套动作应有亮点；音乐选择应适宜，有节奏变化，有特色和激情；同时整套动作的强度要适中，动作语汇丰富，过渡与连接流畅，场地与空间运用充分等。集体项目要有队形变化和动力性身体的配合。

（3）表演者丰富多彩、新颖、独特的动作展示是健美操审美的关键。动作美是健美操最显著的特点，它是在时间的展开方式上打破静态美的框架，使美的形态不断翻新，让人以探求、追寻、跟踪的方式不断亲近它、捕捉它。表演者的每个动作都应完美无缺、新颖，尽量避免重复。根据运动员的个人能力尽量加大动作难度，并使衔接动作自然顺畅。动作位置高低的变化、速度的变化、层次的变化、幅度的变化丰富，使人们产生并感受惊险、意外、刺激的情绪美。

（4）适宜的装扮是健美操审美必不可少的条件。健美操作为艺术表演性项目，运动员恰如其分的妆容、得体的服装、富有灵气的装饰物，会大大增加视觉美感。因此，表演者装扮是否适宜将直接影响健美操整体的审美。竞技健美操的服饰除应符合国际健美操的规则外，还应根据比赛场地、运动员的体形和皮肤颜色等选择合适美观的比赛服饰。

2. 创造与实现健美操美的基本要求

创造和实现健美操的美，是一项系统工程，除应遵循前面提到的各方面美学原理以及健美操的技术要求之外，健美操的创编者、表演者和舞台的设计人员还应具体遵循以下一些基本要求。

（1）创编者。

1）要善于把握时代主题，使创编风格与动作紧跟时代步伐。艺术来源于社会，又服务于社会，是以反映时代主题为目的。健美操的创编者，实际上是健美操艺术的创造者，应该善于分析当今时代主题，了解当今时代哪些是社会崇尚的思想和行为？社会弘扬的精神是什么？人们对美的追求体现在哪些方面？这实际上就是确定健美操所反映内容的思想性。只有把握了这些，并把它融入创作中，使创作的整套动作符合社会的主题，迎合人们的审美需求，才能够得到社会的认可，最终实现健美操美的传播。

2）在创编动作时，充分了解不同对象的审美需求。人们的审美需求依据年龄、性别、受教育程度、职业的性质而不同。创编者要重视这些审美需求的差别，以满足不同对象对美的需求，也只有考虑人们的差别，才能真正实现健美操不同类型的美。

3）动作的设计风格、音乐选择、难度要考虑服务人群的年龄与性别特征。依据人们参加健美操运动的目的，健美操可以分为竞技健美操、表演健美操和健身健美操。竞技健美操参加对象主要是青年男女，运用体育的竞争机制，其目的是在比赛中取胜，其制胜因素是"难、新、美"；表演健美操的目的是通过艺术的表演满足人们特定的审美需求，它主要是以表演的"艺术性"展示人的身体和精神的美；而健身健美操则主要是通过练习达到强身健体，塑造人体美的形象，不追求难度，而主要强调锻炼的效果，这类项目适合各个年龄段的人群。针对上面的分析，创编者设计动作的风格时，要根据健美操的不同类型、练习者的年龄、性别选择音乐，设计难度，安排负荷强度，以达到人们从事不同类型健美操的目的。所以，竞技健美操是以竞技为目的的，有特定的规则和评分办法，必须编排有一定难度、连续复杂的、高强度的动作；表演健美操设计要更注重艺术的美；健身健美操动作的设计编排必须遵循全面发展身体、符合对象特点、安全无损伤、健身娱乐等原则。

（2）表演者。

1）表演时，注重"形"美与"神"美的高度统一。健美操作为以艺术表演为主的运动项目，它同散文一样，高度重视"形"与"神"的统一。所谓健美操的"形"美是指表演者的人体外在美，是通过表演者强健而匀称的身体以及身体姿态、动作等展示美；所谓"神"美是指凝聚、糅合在健美操"形"美中的内在美、气质美和抽象美，是通过表演者在音乐的配合下，把健美操的思想内容和自己对健美操美的理解，以及表演者自身的人格魅力、思想境界等凝聚在一起所共同表现出来的美。所有这些美，都是通过表演者的表演效果表现出来的。因此，作为表演者一方面要通过不断地强化练习，达到技术熟练，形体优美，来实现健美操的"形"美；另一方面，表演者更应深入领会蕴涵在健美操套路中的思想内容，使自己所流露出的情感尽可能地贴近创编者的初衷，从而实现健美操的"神"美。最后，把健美操的"形"美和"神"美高度地统一起来，实现整个健美操的美感。

2）重视与观众的情感交流与互动。"情感的交流、相互的理解"是传达美的最好途径。今天，但凡是艺术表演的项目，表演者都非常重视同观众的交流，而交流的手段则是同观众的互动。这既是烘托现场气氛的需要，更是表演者与观众交流思想、传播美的有效途径。"眼睛是心灵的窗口"。因此，健美操要重视与观众眼神的沟通，善于通过身体语言来表达思想语言。做到这一点的最高境界是健美操的表演者能激发观众与他一道随着音乐节奏欢呼，呐喊，舞动。这也是竞技健美操运动员比赛中取得高分的关键，是健美操表演成功的显著特征。

3）动作表演雅而不俗、激情而不放荡。同前所述，健美操的最大特点就是动感、激情、充满极大的活力，这正是健美操受人喜爱的重要原因。尤其是竞技健美操和表演健美操更能充分地显示当今青年男女张扬的个性。动作适当的夸张反映了当今社会是个充满生机和活力的社会。但事情总要有个"度"，过分地夸张与张扬，而忽视了对技术动作的完美追求，反而会破坏观众的审美感受，从而对整个比赛获胜或表演的成功产生负面影响。更有甚者，为了哗众取宠，或为了迎合一些低级趣味的人的所谓的"审美需求"，不惜以一些低俗的动作、放荡的表情，甚至下流的动作进行表演。这完全违背了人们参加或欣赏健美操，追求身体健与美的美好愿望。作为健美操运动员或表演者一定要抵制这些不良风气，以高雅的气质、高度娴熟的技术、舒展健美的身姿赢得观众的掌声，从而把健美操的美在观众面前展现得淋漓尽致。

（3）舞台设计者。

1）舞台主题设计应反映比赛或表演的主题。通常，每次健美操比赛都有一定的主题，并且不同类型的健美操比赛突出的主题是不一样的。那么，作为健美操比赛或表演的物质载体——舞台的设计也同样要凸显比赛的主题。作为舞台设计者一定要根据比赛的主题确定舞台设计的主题，以实现舞台设计为比赛主题服务的目的。

2）舞台设计应符合健美操比赛场地的规则要求。对于正式的竞技健美操比赛，比赛规则对比赛场地有明确的要求。规则规定：健美操比赛场地的面积为 $7×7m^2$。（六人操场地的面积为 $10×10m^2$），赛台的高度为 100cm～150cm，后面有背景遮挡，赛台的面积不得小于 $9×9m^2$，并清楚地标出 $7×7m^2$ 的比赛场地，标记带为 5cm 宽的红色带，标记带包括在 7m 宽的场地内，也就是说，标记带是场地的一部分。在设计正式的健美操比赛场地时，要严格按照比赛规则的要求进行设计。

3）舞台的色彩搭配、装饰风格应综合考虑季节特点、比赛或表演的场所。这实际上是第一个问题的延伸。设计者除考虑比赛的主题外，还应根据一年中季节的不同、比赛或表演的场所等不同，设计出色彩搭配适宜、装饰风格独特的舞台效果，并要考虑白天和晚上灯光的设计。比如，阳春三月在杭州西湖举行的健美操比赛，舞台设计要突出春天的生机和绿意，凸显比赛地西湖的风光等。

第四节　"寓乐于体"教育思想

一、提出"寓乐于体"教育思想的背景分析

(一)"新课程标准"改革的必然要求

为了响应"新课程标准"改革的号召，体育教师要不断更新教学理念。除了要向学生传授基本的体育运动技能外，更要让学生饶有兴趣地参与体育运动，促进学生身心的健康发展。在教学实施的过程中，体育教师要以学生的需求为根本出发点，抓住一切教学契机，激发学生主动学习体育课程的热情。使学生由被动学习，变为主动思考，自主活动，自我管理，同时使学生在心理上获得愉快的体验。教师也应充分挖掘自身潜能，真正做到教学相长。

在新课改的影响下，体育教学应充分发挥教师的主导作用，设计形式多样的教学模式，创设教学情境，营造宽松的课堂氛围。在组织教学时，教师要充当导演和演员的角色，积极引导学生效仿，形成教师与学生、学生与学生之间的多向交流，使学生能够积极主动地参与体育运动的全过程，帮助学生实现身体的全方位发展。

体育教师应充分尊重学生主动学习、探究学习的主体地位，只有这样学生才能获得全面的发展。与此同时，教师也要最大限度地激发自己的主观能动性，为学生树立优秀的学习榜样。

(二)"乐学"成为主旋律

"新课程标准"把"激发学生运动兴趣，培养学生终身体育的意识"作为体育教学的基本理念之一。那么如何才能调动学生参加体育锻炼的热情呢？实践研究表明，从教学目标的可及性、教学活动的主体性、教学评价的激励性和教学管理的艺术性四个方面着手，可以有效地调动学生学习的积极性，提高学生的学习效率，激发学生的潜能，优化教学效果。

1. 教学目标的可及性

何为教学目标的可及性？简而言之，就是针对各位学生的身体素质，结合体育项

目的运动特点，设置一些学生通过努力就能够达成的目标。以"引体向上"教学为例，教师对身体素质好的学生可以将要求提高一个等级，而对身体素质不好的学生可以将要求降低一个等级，依据学生真实的身体素质状况进行随机教学，最终的目的是让所有的学生都能达成教学目标，并获得自信和提高体育兴趣。

苏联教育学家苏霍姆林斯基曾说过："成功的快乐是一种巨大的情绪力量，它可以促进学生好好学习的愿望，同时成功感也是激发学生兴趣的催化剂。"事实表明，如果我们设置的体育目标能让学生通过努力便可达及，那将极大地激发学生学习体育的积极性，并为他们带来自信的体验，进而也将调动他们学习体育的热情和主动性。

2. 教学活动的主体性

尊重学生的主体地位是实现教师主导地位的前提，也是实现学生乐学的必要保障。在教学过程中，教师从学生的实际需求出发，并结合教学的实际内容，设计一些符合学生身心特点和认知规律的教学环节，充分尊重学生的主体地位，提高学生的学习兴趣，调动学生的参与意识，提高教学效率。

3. 教学评价的激励性

教学评价的最终目的是为学生正确认知自己提供一个科学的评判标准，让学生能够深知自身存在的优势和不足，进而不断地提升自己，最终促进教学目标的达成。"新课程标准"对体育教学的评价重心有所转移，它一改以往单纯关注学生成绩的做法，更加科学地关注学生体验、探究和努力的过程，因而，我们应该充分发挥体育教学评价的激励作用。

4. 教学管理的艺术性

高尔基说："爱孩子，这是母鸡也会的事。"克鲁普斯卡娅说："光爱还是不够的，必须善于爱。"由此可见，教师只顾单纯地用爱去管理教学，是远远不够的，还应该学会管理的艺术。体育课堂的机动灵活和随意性决定了体育教学课堂上的矛盾冲突的必然性。那么，怎样处理这些矛盾冲突才算得上是明智之举呢？这就需要我们体育教师艺术化地管理体育教学。一旦有矛盾冲突出现，体育教师就能迎刃而解，让体育教学课堂氛围恢复正常。良好的教学氛围可以引发学生愉悦的心情和浓厚的兴趣，激发学习热情，促进身心健康和谐发展。

（三）学生人本回归的有效途径

体育运动是一种以肢体的形式玩味着某种精神自由的"游戏"。所以，运动的主体不是运动者或观赏者，也不是体育比赛的结果，而是运动者和观赏者共同玩味的"某种东西"。这里的"某种东西"就是体育运动的"意义"。只有当运动者和观赏者认真、严肃地投入这种"意义"，与其融合为一体时，体育运动才得以展示自身的存在，运动者才进入本真的游戏状态，即"物我两忘"的审美状态，运动文化之美才得以实现。

赫伊津哈认为："游戏竞赛的精神，作为一种社交活动，比文化本身还要古老……我们不能不得出这样的结论：处于最初阶段的文明乃是被游戏出来的。它不是像婴儿那样从子宫脱离出来那样从游戏中产生出来，而是在游戏中并作为游戏产生出来且永远也不脱离游戏的。"游戏所带来的愉悦、自由、公正、体验、和谐，让游戏充满了魅力。

1. 愉悦

愉悦是游戏的初衷。赫伊津哈认为："游戏的基调是狂喜与热情，并且是与那种场景相协调的神圣或喜庆式的。一种兴奋和紧张的感觉伴随着行动，随之而来的是欢乐与轻松。"霍兹曼认为："人们喜欢游戏主要的原因是它的精神色彩和浪漫主义。"弗洛伊德认为："人的活动主要受'快乐原则'的驱使，游戏能最大限度地满足人快乐本能的需求。"由此可见，游戏能够让人获得生理和心理上的快感，让人在最轻松、最自由的状态下最大范围地释放自己。

2. 自由

赫伊津哈认为："只有当'心灵'的巨流冲破了宇宙的绝对专制主义时，游戏才变得可能，变得可以考虑和理解。"沛西·能认为："自由和游戏显然是一对双生姊妹。"由此可见，游戏与自由是密不可分的，二者缺一不可。没有自由，就没有游戏。康德在论证艺术和游戏的关系时认为，艺术的精髓在于自由，而自由也是游戏的灵魂，正是自由，使艺术与游戏连在了一起。他说："艺术甚至也和手艺不同；前者叫作自由艺术，后者可以叫作雇用的艺术。我们把前者看作好像它只能作为游戏，即一种本身就使人快适的事情而得出合乎目的的结果（或成功）；而后者却是这样，它能够作为劳动，即一种本身并不快适（很辛苦）而只是通过它的结果（如报酬）吸引人的事情，因而强制性地强加于人。"所以，他认为游戏是"活动的自由和生命力的通畅"。席勒也将游戏理解为与"自由活动"同义而与"强迫"相对立的概念。

在中国，庄子在《逍遥游》里，用极富散文色彩的笔调，阐明了他自由的哲学思想。庄子认为，"游"是最好的生存方式，只有"逍遥"才能达到"游"。"逍遥"就是指"逍遥于天地之间而心意自得"。在庄子看来，人应该追求一种绝对的精神自由，自由自在才是人生存的理想境界，而一切依靠客观条件的自由（有待）都不是真正的自由，只有绝对地离开条件的限制（无待），才是真正的绝对自由。而常人达不到"逍遥游"，因为人有所依赖，有所追求，把功名利禄看得太重，所以，"若夫乘天地之正，而御六气之辩，以游无穷者，彼且恶乎待哉！故曰，至人无己，神人无功，圣人无名"。即要做到"无待"，必须做到"无己""无功""无名"。庄子"逍遥游"的思想，对中国的游戏观影响很大。

3. 规则

当然，尽管游戏是倡导自由的，但是世间万事万物的自由在一定范围内，没有随心所欲的自由存在。游戏也一样，它的自由是在规则限定范围内的自由。因为只有规则，才能确保游戏的顺利进行。规则是自由的护身符。赫伊津哈认为："所有的游戏都有其规则。""它创造秩序，它就是秩序。它把一种暂时而有限的完美带人不完善的世界和混乱的生活。游戏要求的秩序完全超然，哪怕有微小的偏离都会'败兴'，剥去游戏的特点并使之无趣乏味。"他说："触犯或无视规则的选手是'破坏游戏的人'。"维特根斯坦同样认为，"游戏是由规则来规定的"，他对规则非常重视，他认为，语言里唯一和自然必然性关联的东西是一样任意的规则。这种任意的规则是我们能从这种自然必要性中抽出来注入一个句子的唯一的东西。利奥塔在通过语言来考察后现代的知识状况时也强调，科学知识是一种有自己规则的游戏，他认为维特根斯坦的语言游戏，是通过研究话语的作用而找到的各种陈述，这些陈述都应该能用一些规则来确定，所以利奥塔也非常注重游戏的规则，"没有规则便没有游戏"。

游戏的规则主要有内隐和外显两种。内隐的规则主要是指隐含在游戏外表之下的规则，它主要是指那些必须要服从的游戏需要。维特根斯坦就此曾说过，游戏规则不一定有明确而详细的规定，人们可以在语言游戏中学习规则，甚至可以盲目地遵守规则，"让我们来想一下都在哪些情况下我们会说一个游戏是根据一个特定的规则进行的！规则可以是教人玩游戏的一种辅助。学习者被告知规则，练习应用这个规则。或者它是游戏本身的一种工具。或者规则既不用于教人，也不用于游戏自身，而且也不列在一张规则表上。我们可以通过看别人玩一种游戏学会它。但我们说，这个游戏是按照某些规则进行的，因为旁观者能够从实际进行着的游戏看出这些规则，就像游戏所服从的一项自然法则"。

外显的规则，顾名思义，就是表面上大家都看得到和必须遵守的那些规则，通常外显的规则都是在游戏开始前就明文规定的，其最大特点就是可以直接感知。当然，自由和规则在游戏中并不矛盾。因为游戏和规则是游戏者共同协商，在共同理解的基础上制定的，游戏的规则是游戏者自愿接受，自觉遵循的一种内部自我限定，其目的是用于协调和评判游戏行为，保证游戏公正、顺利地进行。从某种意义上说，这种外显的规则是易变的，它可以随游戏活动的需要而修订和改正，使游戏规则处于不断的生成过程之中。维特根斯坦认为，语言游戏的规则是易变的。"我们称之为'符号''词语''句子'的，所有这些都有无数种不同的用法。这种多样性绝不是什么固定的东西，一旦给定就一成不变；新的语言类型，新的语言游戏，我们可以说，会产生出来，而另一些则会变得陈旧，被人遗忘。"

4. 体验

有参与者参与的游戏才是真正的游戏，游戏的最终目的就是参与者通过游戏体验获得游戏快感。游戏者在游戏中获得的真实感受才是最真实的存在。游戏时，游戏者尽情地遨游在游戏的世界之中。美国心理学家西克森特米赫利研究发现，人在游戏时有一种独特的体验，能够非常专注，往往能够爆发出超越以往的创造力，身心获得极大的满足。他的观点与美国人本主义心理学家马斯洛的"高峰体验"有惊人的一致。马斯洛在对多名研究对象进行访谈和对大量的宗教、艺术等相关论述进行研究之后，发现几乎所有的自我实现者都会经历一种神秘的体验，"这种体验可能是瞬间产生的、压倒一切的敬畏情绪，也可能是专注在那一刻，自我、现实……一切的一切都远远地遁去了，全身充溢着转瞬即逝的极度强烈的幸福感，甚至是欣喜若狂、如痴如醉、欢乐至极的感觉。"

5. 和谐

游戏活动是人的生理、心理、社会性等要素投入其中的活动。赫伊津哈认为，游戏是"紧张、均衡、平稳、对峙、跌宕、冲突、解决，等等"，"它是'沉醉的''痴迷的'，它被赋予了我们在事物中所能觉察的最高贵品质：韵律与谐和"。

总之，游戏是生命的一种存在状态，是身心达到无拘无束的一种自由状态。游戏指向生命个体，每个人都可以依照自己的特点、喜好，从事不同的游戏；具备了游戏心态的生命个体，任何时刻都可以将任何活动变成游戏。没有了外在的功利追求，为游戏而游戏，体验到的只是游戏之趣。游戏人是幸福的，因为他超越了外在的物质追求，超越了琐事的羁绊，游戏心境也是对自身的一种超越。

二、实施"寓乐于体"教育思想的意义分析

（一）体育游戏与身体健康

身体的健康包括人体各部位或器官的发育与功能的完善，它包含着身体的形态、功能以及智力等方面的健康。身体的形态健康指人的身体结构、肢体比例、身体姿态等方面具备良好的发展指标。简言之，即具有健康、优美的体形。身体的功能健康表现在基本活动能力的健康，以及从事体育运动所需的能力的完善，包括速度、力量、耐力、柔韧性、灵敏性、协调性、平衡性和反应能力等方面。智力是指人对客观世界的感知，对信息的获取、整理和加工，在感知的基础上进行记忆、思维和想象等。智力的健康主要表现在思维敏捷、头脑灵活，具有良好的学习、分析与判断能力等方面。

肌体健康是构建人的发展的物质条件，而智力健康则是构建人的发展的精神条件。在体育游戏过程中，人的身体形态、功能以及人的智力水平都会得到一定程度的提高。

体育游戏与其他体育活动一样，是以身体运动的形式进行的，活动的内容与形式是经过预先设计的，因而它同样具有其他体育活动所具有的健身作用。另外，由于体育游戏是一种综合性很强的体育手段，因此，它对身体有比较全面的锻炼效果。为了体验有趣的游戏过程，人们参加体育游戏一般都是一种自觉自愿的行为。主动、积极的行为能发挥人的最大能动性，因而在体育游戏中能达到良好的身体锻炼效果，这是其他体育手段所不能比拟的。

1. 体育游戏与身体形态和功能的发展

体育游戏的内容丰富多彩，形式多样，可以通过多种手段促进青少年的生长发育，

培养其正确的身体姿态，发展其基本活动能力，提高身体素质，促进身体的全面发展，增强体质。

（1）体育游戏与身体形态的健康。良好的身体形态不仅是身体发育完善的标志，而且还能给人以美感。而具有良好体形的人自身也通常能保持一种健康自信的心态，这对于人们生活的各个方面都有着积极的影响。例如，"能看到多高""金鸡独立""膝顶下巴""背后握手"等站姿游戏；"跪姿头碰地""'V'字平衡""左坐右坐"等坐姿游戏以及"小摇车"等卧姿游戏，都可以通过拉伸身体的肌肉、韧带，提高身体的柔韧性和平衡能力，增强局部肌肉力量，从而达到塑造良好身体形态的目的。

（2）体育游戏与身体功能的健康。人的基本活动能力包括走、跑、跳、投、攀登、搬运等。体育游戏在培养人的基本活动能力方面有重要的作用，尤其对于少年儿童而言。少儿时期是人的基本活动能力发展的黄金阶段，而在这一阶段，少儿表现出的特点是年龄小，自制力与理解力差，参加活动多凭兴趣。体育游戏趣味性强的特点恰恰满足了少儿的需求。孩子们在兴趣的指引下，主动积极参加各种有益的游戏，在愉悦的氛围中提高了身体的机能。这类游戏如：发展奔走能力和节奏感的"大步走，小步走""和着节拍走"；发展跑的能力和躲闪能力的"追拍跑""钻洞跑"等；培养弹跳力、灵活性的"跳皮筋""夹口袋跳"；发展手臂力量、灵巧性的"沙包投准""小球打大球"；综合发展基本活动能力的器械游戏，如"荡秋千""滑滑梯""蹬圆木""攀肋木"，等等。

学校中的体育游戏常与田径、体操、球类等项目密切配合，经常利用各种运动项目中学生比较熟悉并基本掌握的技术动作来编排游戏，如田径中的"迎面接力赛""垒球投准"，体操中的"前滚翻接力""双杠支撑前移接力"，以及篮球中的"运球接力赛""投篮赛"等。一方面，这能大大扩充体育游戏的容量，使游戏的内容更加丰富多彩；另一方面，能在游戏过程中检验学生各种基本运动技术的掌握情况。这种形式可以让学生"在乐中学，在学中乐"，既巩固了已学的运动技术，也不断改善和提高了各种体育活动能力。可见，体育游戏为运动技术的逐步完善、运动能力的健康发展提供了一条切实可行、科学有效的途径。

2. 体育游戏与启发智慧

体育游戏不仅能够完善人的身体形态机能，提高人的基本活动能力，同时也在人的智力发展方面发挥着巨大作用。

研究表明，人的脑细胞数量与出生时相同，一直不会增加，但大脑的重量则会增加，出生时为 400 合，到成人时可增加三至四倍。6 岁儿童大脑的重量就已经达到成人的 90%。人的脑部两岁时形成有关个性的部分；6 岁时，铺成思考的基本路线；10岁时，可略见将来的精神成长。在此三个阶段，健全地调整神经突起组合，才容易发育成有高度思维能力且智力发达的孩子。可见，人的智力除遗传因素外，主要是由后天教育（特别是早期教育）决定的。因此，对儿童智力的开发需及早着手。体育游戏对人的早期智力的健康发展有着积极的促进作用。在幼儿阶段宜多采用各种发展幼儿爬、走、跑、模仿、协调等基本活动能力的简单游戏。例如，提高模仿力的"小兔跳"，提高协调力的"渡臀""膝步走"，提高身体平衡能力的"围圈跑"，提高灵巧性的"向后绕足走"等。这些丰富多彩的幼儿游戏要求孩子脑体并用，边想边做，在促进身体活动能力提升的同时，帮助他们开动脑筋，用自己的眼睛去观察周围的事物、认识周围的世界。可以说，在儿童智力发展的关键期，体育游戏既锻炼了身体的敏捷性，又锻炼了头脑的灵活性。正如高尔基所说："游戏是儿童认识世界的途径。"

实际上，为数不少的体育游戏或多或少的具有智力考验的因素。如"反口令行动""低头看天""抓手指""扶棒"等，都需要游戏参与者具有机智的反应，具有视觉、运动感觉的敏感性，以及对空间和时间的判断能力，才能快速而准确地完成游戏。此外，体育游戏通常是以对抗、竞赛的形式来进行的。如"冲过封锁线""攻城""齐心协力"等游戏，需要参与者积极地研究战略布局和战术配合。研究个人或团队如何在规则允许的范围内采用最佳实施方案，选择最有效的动作战胜对手，从而完成游戏。战略、战术的研究和运用，不仅是体力的竞争，也是智慧的较量，这些都必须开动脑筋，启发思维。体育游戏的条件和环境多变，内容复杂，它能够发展人敏捷、迅速的判断力并增强记忆力。这对人的智力水平的提高势必起到良好的促进作用。

（二）体育游戏与健康心理的形成

1. 体育游戏有助于消除或减缓不良的学习情绪

人的情绪状态是衡量其心理健康的重要指标。人生活在错综复杂的社会环境中，经常会产生忧愁、压抑、焦虑、紧张等负面情绪。

"趣味性"是体育游戏最基本的特征。游戏本身的新奇、惊险、激烈、紧张会给参与者带来愉快的情感体验，体育游戏往往自始至终都充满了欢笑。即使像"老鹰抓小鸡""打鸭子""两人三足"这样的传统游戏，也常常让人乐此不疲。人们在游戏过程中摆脱了现实生活中的忧愁和烦恼。除此之外，在游戏中获得的胜利，还会使人产生自豪感，增强自尊心与自信心，并在精神上获得一种自我价值得以实现的满足。因此，参加体育游戏可以转移个体不愉快的情绪和行为，使人从烦恼和痛苦中解脱出来，并产生成就感和愉快的体验。

2. 体育游戏有利于确立自我概念

自我概念是个体主观上对自己的身体、思想和情感等的整体评价，它是由许多自我认识所组成的，包括"我是什么人""我主张什么""我喜欢什么""我不喜欢什么"等。

首先，青少年注重自己的外形、姿态。随着年龄的增长，拥有健美体形的要求与日俱增。对于身体形态不佳的青少年而言，对自己身体表象（身体表象是指头脑中形成的身体图像）的认识，常会伴随不满意、失望甚至自卑等心理体验，以致影响其自我概念的确立。从体育游戏对人的身体健康的影响可知，经常参加体育游戏有利于良好身体姿态的形成，有利于人们，特别是青少年改善及正确形成自身的身体表象。这可以使其克服心理障碍，获得从身体到个体的自尊与自信，并最终完全接纳自己。

其次，每个人都乐于自己的能力得到表现，让别人了解自己的长处，从而得到别人的赞扬、尊重。体育游戏为希望展示自己的人们提供了一个新的"舞台"。摆脱了平时工作学习中的压力与烦恼，在体育游戏紧张而愉快的竞争情境中，人能很自然地表现自己的体力、技能与智慧（其中有些能力往往还是平时根本无从表现或发现的）。当表现的欲望、求胜的心理，以及被赞扬、被肯定的渴望同时在体育游戏中得到满足时，个人也就在体育游戏中获得了自信、自尊的自我概念。

3. 体育游戏能培养坚忍的意志品质

意志品质是指人的果断性、柔韧性、自制力以及勇敢顽强和自主独立等精神。意志品质既是在克服困难的过程中表现出来的，又是在克服困难的过程中培养起来的。

体育游戏环境条件丰富多变，组织形式繁多，特别是一些战胜障碍的游戏，诸如体操中的"跳杠追赶""荡越河沟"，田径中的"障碍跑"，足球中的"抢传球"等，都要求参与者在活动中不断克服各种客观困难（如难度、障碍等）和主观困难（如胆怯、畏惧、害羞等），并在克服困难中培养良好的意志品质。由于体育游戏具有"趣味性""竞争性"与"合作性"等特点，通过这种形式来对人的意志品质加以培养，往往能够收到很好的效果。在趣味十足的游戏内容的吸引下，在夺取胜利的愿望的驱使下，以及在同伴的支持与鼓励下，一个人更能克服无论是来自外界环境还是来自个人内心的困难与障碍，更容易塑造坚忍的意志品质。若将体育游戏中培养出来的意志品质迁移到日常的学习与生活当中，必然会为健康心理的形成与保持奠定坚实的基础。

4. 体育游戏有助于人际交往和沟通

在体育游戏中，一方面学生们通过互相接触、合作和竞争等，个体与个体之间，个体与集体之间，集体与集体之间交流更广泛、更频繁，形成了一个小型社会，学生之间可以做到相互包容、尊重信任、团结友爱、鼓励扶持，构建良性的人际关系。另一方面，在游戏要求和规则的束缚下，人与人之间的关系是相对平等的，因此为建立良好的人际关系提供了最佳的平台。

5. 体育游戏有助于学生探索精神与创造性的培养

体育游戏为学生的自由探索提供了平台，有利于学生探索精神的深层次挖掘，激发创造热情。例如，在具体的教学实践过程之中，体育教师可以为学生创设想象和思考空间，让他们想尽一切可以解决问题的办法，这就是创造性的一种表现。这也正是体育教学中特别珍贵的因素，有利于为未来社会的发展培养需要的栋梁之材。

现代社会对现代教育提出了更新的要求，它鼓励开发学生的创造性和探索精神。这就要求体育教师们不再单纯的只向受教育者传达一些基本的体育运动技能，而是教会他们学会学习，只有这样，他们才能成为适应社会发展的合格人才。学会学习、学会生存的核心内容之一是学会发现，学会创造。那么如何培养学生的创造性呢？这成为当今教育界亟待解决的难题之一。大量的实验研究表明，游戏有助于培养学生的创造性和探索精神。

（三）体育游戏对个体社会化的积极作用

1. 体育游戏可以规范道德行为方式，促进价值观内化，培养竞争合作意识

体育游戏是一种规则游戏。游戏规则绝不是游戏制定者随心所欲而定的，它一定是建立在公正和道德判断的基础之上的，它需要符合大多数民族公认的伦理标准和共性特征，因而在消除偏见、克服狭隘、实现对话、互动沟通和规范行为等诸多方面，

均能达到较高程度的一致性，尤其是对个体道德潜移默化的影响极为显著。游戏规则的制定有助于学生良好行为规范的形成。游戏者在熟悉游戏规则的基础之上，才能养成遵守规则的良好习惯，进而体会社会规范的意义与价值所在，管束自己的社会言行，提高社会道德品质。由此可见，学生对体育游戏规则的遵守与秉承，在一定程度上可以影响其现实生活中的行为规范，因此，我们要注重发挥体育游戏塑造和培养道德行为的价值。

2. 体育游戏可以满足合群需求，促进人际交往，完善个性特征

体育游戏主要以群体性活动为主。游戏群体是学生在家庭之外所接触的一个十分重要的初级群体，是他们进行人际交往、社会互动以及借以学习生活知识和技能并得到个性发展最重要的社会群体之一。学生参加体育游戏活动，增进沟通和了解，不仅可以扩大交友范围，增进学生之间的感情，还有助于拓宽自己的视野，从别的游戏者身上发现另外一个世界。此外，在游戏中产生的良好情绪及其体验，有助于克服他们独立于家庭之外，步入社会所伴随产生的孤独、焦虑、恐惧、内疚和自卑等不良心理。同时，他们比较自然地了解并逐渐形成了尊重、理解、谦让、协商、竞争、合作、共处、互助、信任、宽容、忍让、体谅、荣誉、责任、和谐、公平、公正、自尊、自重、自爱、自信、自强等优秀品质和健康的个性特征，而这一切对他们适应社会竞争、胜任社会角色都有深远的意义。

3. 体育游戏可以促进社会角色的体验，形成自我意识，培养社会化品质

在体育游戏活动过程之中，游戏参与者中的每一个人都扮演着一定的角色，这些角色虽然看似很虚幻，感觉只存在于游戏之中，其实，有的时候也是对现实生活中某些角色的模拟。在游戏中通过扮演不同的角色，有助于他们养成站在别人的角度上看待问题的良好习惯，有助于填补他们对社会不同角色的心理承受和想象空间，有助于培养他们的角色认同感，从而更好地接受社会、适应社会。在社会角色体验中，为使他人能理解自己的表演和行为的真实含义，个体就必须遵循角色的特定规范并按其要求的社会行为模式进行相应的行为表现，这既是角色扮演的前提，又是一种使角色顺利进入社会的保证。

社会角色是完成社会活动必要的社会形式和个人的行为方式，通过游戏群体活动中不同角色的扮演，青少年儿童懂得了社会角色是与人们的某种社会地位、身份相一

致的一系列权利、义务、职责的规范与行为模式，这种体验十分有助于他们步入社会后成功地履行各种不同角色的职责，同时，他们的社会适应性和个性品质在此过程中也可以得到高度发展。

（四）体育游戏的艺术价值

艺术产生丁游戏。"仪式产生于神圣的游戏，诗歌诞生于游戏并繁荣于游戏，音乐和舞蹈则是纯粹的游戏。"体育游戏是游戏的一种重要的表现内容。体育游戏也具有一定的艺术性。

1. 体育游戏像艺术一样，把所欣赏的意象加以客观化，使它成为具体的情境

游戏意象原来是心境从外界折射来的影子，使它变成一个具体的情境，在这个具体情境中寻找各种需要的满足。例如，小孩骑马游戏的产生，就是小孩子心境在外界所折射出来的影子，以此来得到自己想骑真马的满足。

2. 体育游戏像艺术一样，带有移情作用，把死板的物质看成活跃的生灵

我们在长大成人、面临枯燥乏味的学习和工作之后，便经常会怀念童年时光，因为那时游戏是天真无邪的，每个小伙伴都陶醉在自己美好的世界里。尽管当时的真实世界并不乐观，但是游戏时候的忘我精神，使得每个孩子仿佛都看见了天堂。游戏带给我们的不仅仅只是物质享受，还有实实在在的精神享受，这也就是游戏的移情作用的价值所在。

3. 体育游戏像艺术一样，是用现实世界之外的另→个理想世界来安慰情感

人从呱呱坠地开始就是好动的，凡是不能动的，都终将让人苦恼于此。疾病、老朽之所以被人厌恶，其最大的原因就是它限制了人们动的自由。越自由能动，越让人快乐。当然，现实世界是有限的，它不允许人无限制地自由活动。但是，人们不能接受这一痛苦的事实，非要在有限的活动里创造无限的可能，于是体育游戏诞生了。体育游戏的功能在于帮助人们摆脱现实世界的束缚，享受运动带来的快乐。所以，体育游戏在人们闲散时需求最大，从这个意义上讲，它确实是一种"消遣"，是一种艺术化了的活动。

第三章　高校体育教学方法的改革与创新

第一节　高校体育教学中多媒体技术的应用

一、多媒体教学技术的特征

（一）多媒体教学技术的多维性特征

所谓的多媒体技术的多维性特征，主要指的是多媒体教学技术所拥有的对信息范围进行处理的扩展与扩大空间的能力，而此种多维性职能能够变换、加工、创作输入的信息，使其输出信息的表现能力得到增加，其显示效果得到丰富。例如，在高校体育教学开展的过程中，利用多媒体系统进行辅助，不仅能够保证学生对文本知识的学习，使其对静止图片进行观察，并且在多媒体技术的支持下，学生能够清楚地观察、了解体育教师的动作演示，使高校体育教学额效果得到加强。

（二）多媒体教学技术的集成性特征

所谓的多媒体技术的集成性特征，主要指的是多媒体技术能够将不同类别的多种媒体信息有机地进行同步组合，例如，声音、文字、图像，等等，进而促进多媒体完整信息的相册。此外，集成性还存在另外一层含义，指的是对这些多媒体信息进行处理的工具或者设备的集成，包含视频设备、储存系统、音响设备、计算机系统等的继承，总而言之，指的是在提供的各种设备上将各种媒体紧密地进行关联，使文字、声音、图片与音像的处理实现一体化。

（三）多媒体教学技术的交互性特征

所谓的多媒体教学技术的交互性特征，主要指的是人和人之间、人和机器之间、机器和机器之间的交互活动，也就是人和机器进行对话的能力，也就是使用者同机器之间进行沟通的能力。这也是多媒体计算机系统不同于传统音响、电视机等家电设备的地方。根据实际的需要，人们能够选择、控制、检索多媒体系统，同时，还能够参与到播放多媒体信息与组织多媒体节目的行列中。传统的只能对编排好的节目被动接收的电视机形式已经被打破。

二、多媒体 CAI 在高校体育教学中的应用

（一）目前我国 CAI 的发展现状

目前，CAI 正迎来了一个多媒体大面积教学的时代，即使用先进的计算机技术、多媒体技术、网络技术、通信技术和设备，"让最好的教师面向最广大的学生的时代"。所以，保证 CAI 课件大数量、高质量的发展具有十分深远的意义。

（二）多媒体 CAI 的发展趋势

对于近年来，在 CAI 中多媒体技术的应用情况进行综合分析，可以得知多媒体 CAI 的应用存在三个方面的发展趋势，具体内容如下：

1. 呈现网络化的发展方向

计算机技术的不断发展，尤其是网络技术的迅猛发展，使人们的生活方式与工作方式得到很大的改变。网络技术的发展需要多媒体技术的支持，而多媒体技术需要在网络中得到应用，进而使网络的表现力得到了增强。在网络中应用 CAI 课件，能够保证"最好的教师面向最广大的学生"，进而使多媒体 CAI 的群体教学模式得以实现。

2. 呈现智能化的发展方向

从功能上来讲，多媒体教学软件与只能教学辅助系统之间存在着互补的关系，如果能够将两者进行结合，那么就能够规避短处的同时而发扬长处，进而使得性能较高的新一代多媒体 CAI 系统得以顺势而生。如果想要使多媒体 CAI 具备一定智能性的问

题得以实现，那么就不仅仅需要同人工智能领域的知识表达与知识推理紧密练习在一起，同时还需要对学生模型的建构问题进行考虑。在人工智能领域的知识表达与知识推理问题上，需要探求出一种能够与多媒体环境相适应新型的知识表达方式及与之相对应的推理机制。

除此以外，还能够更可能地应用方法保证多媒体知识库中导航功能的智能化发展。智能化导航在具备一般导航功能的同时，还能够按照当前学生的知识水平，对学生最合适的下一步路径进行及时的建议，如果学生碰到了困难，就要对学生进行帮助，等等。

3. 呈现虚拟现实的发展方向

虚拟现实的英文全称是 Virtual Reality，简称为 VR，属于交互的一种人工世界，需要多媒体技术同仿真技术的有机结合，在此种人工交互的情境中对一种身临其境的感觉进行创造。通常来讲，如果想要融入到虚拟现实的环境中，那么就需要对一个特殊的头盔与一副特定手套进行佩戴。

在高校体育教学中应用 VR 技术，具有十分令人鼓舞的前景，例如，我们可以对一个"虚拟物理实验室"的系统进行建造，这种系统能够帮助学生开展各种各样的虚拟实验，如万有引力定量实验等，进而深入地了解物理的概念与规律。

伴随多媒体技术与仿真技术的不断发展，VR 实现的理论与方法也不断发展。例如，

美国城市设计与规划专业的学生，对于这一套系统进行利用，从而能够对虚拟的一座城市进行设计、制作，如果学生能够改变城市场景的试图，那么就能够对于观光浏览真实幻觉的出现能够起到一定的促进作用。

（三）同传统的高校体育教学方法相比，多媒体 CAI 具有的优势分析

在高校体育教学课堂教学活动开展的过程中，由于高校体育教学内容与高校体育教学任务方面存在着一定的需求，因此，多媒体 CAI 能够科学地、合理地对现代化教学媒体进行选择，并进行应用。而信息的全方位传递需要人体的多种感官，同时对于媒体组合开展的系统教学能够进行反馈与调控，在高校体育教学课堂教学开展的过程中，保证它的存在是始终有效的，从而实现高校体育教学过程的优化。

多媒体 CAI 高校体育教学同传统的高校体育教学活动相比较，存在的优点有以下几种。

1. 体育教师在指导学生体育学习活动的过程中对其系统进行利用

在现代化高校体育教学中，计算机能够对大量的教学相关信息进行承载，能够按照高校体育教学的实际需要，开展人机对话，并且能够对各种各样的高校体育教学活动随意地调用、开展。

2. 可帮助学生对动作概念尽快地建立

如果能够将多媒体 CAI 应用在体育课堂教学过程中，就能够促进力量教学效果的获得。例如，体育教师在对足球理论课进行教授的时候，提到"越位"这一概念的时候，大部分学生对此概念能够很好地理解，然而，在具体的实践中却不能较好掌握。在进行表达的过程中，体育教师可以对画图的形式进行利用，同时，还能够对声像资料进行应用，对于足球比赛活动中一些典型的与不典型的"越位"镜头编辑在一起，从各个角度出发，向学生及时展示什么是"越位"，同时还要将经过反复多次推敲的解说词列入其中，使学生的各个感官得到调动，从理性上与感性上使学生对这一概念进行理解。

3. 学生可用其对自我学习、自我测验与自我评价直接地开展

对于多媒体高校体育教学的使用方法，由体育教师向学生传授，保证学生的体育学习活动，不仅能够在课堂上进行，还能够在课堂教学结束后开展，即复习或自学。

4. 向学生及时、准确地反馈其学习进程，使体育学习效率得到提高

在传统的高校体育教学过程中，教师在对跳远动作进行教学的时候，会对学生做出的不规范腾空动作或者是没有达到规定标准的动作进行指出，但是有时候学生可能并没有意识到错误的动作，因此导致教师和学生之间出现了沟通障碍，需要注意的是，如果想要消除掉此种掌握，就需要在体育教师的悉心指导下，学生对某一种动作一遍一遍地不断重复，并且在不断的重复练习中，对动作的要领不断体会。如果是在学生需要改进某一个成型动作或者使自身运动成绩得到提高的时候，就可能会导致学生具有较低的训练水平与较慢的成绩提高。如果体育教师对每一次学生做的跳跃动作进行录制，进行慢动作处理。再组织学生进行观看，使学生对于存在的问题能够及时的发现，并予以纠正。还可以利用计算机的处理作用，将一些优秀学生所做的这一动作进行事先的录制，再将两者开展对比，就能够很明显地得出两者之间存在的区别。此外，这套编制的多媒体 CAI 在专业运动员的训练中也同样适用。

5. 使学生的体育学习兴趣提高

在传统高校体育教学活动开展的过程中，鉴于单调高校体育教学形式与落后高校体育教学手段的存在，使得学生由于学习过程反复、辛苦、无聊而产生的不能积极应对学习的心理状态想要调整过来是不容易的，同时，多媒体CAI具有的形式是新颖的、变化多样的，能够对学生良好的心理状态进行调节，同时还能够有效刺激学生自身的求知欲，从而使学生的体育学习效率得到一定的提升。

综上所述，多媒体CAI能够刺激学生的各种感官，对知识或信息进行最大限度地吸收。多媒体CAI在高校体育教学中的应用，促进高校体育教学软件多媒体化的发展，能够使学生心理上的不同要求得到更好地满足。它能够将信息编码成图像，经过同步识别以后，保证高校体育教学文件的声图并茂，绘声绘色，且清晰，便于理解，使学生更加容易接受。

（四）体育多媒体CAI课件设计

体育课件的结构主要包含两个主要部分构成，即原理教学模式与训练教学模式。而对于体育多媒体CAI课件而言，总体的结构组成是高校体育教学内容与高校体育教学目标，其主要目标是使学生对体育基础知识和基本技术、技能进行掌握，使学生的身体素质得到增前，使学生的良好思想品德得到培养，促进学会观察能力与模仿能力的提高。

1. 体育多媒体CAI课件设计步骤

体育多媒体CAI在设计的过程中，主要包含四个主要步骤，具体内容如下。

（1）体育多媒体CAI课件设计的第一阶段。在体育多媒体CAI课件进行设计的第一阶段，首先要对题目进行确定，之所以对题目进行确定，目的在于对课件设计所依据的规范进行了解。

（2）体育多媒体CAI课件设计的第二阶段。在体育多媒体CAI课件设计的第二阶段，要对脚本进行撰写。撰写脚本的目的是对高校体育教学的内容进行安排。主要使由具有丰富教学经验的高校体育教学或者作者来负责撰写。

（3）体育多媒体CAI课件设计的第三阶段。在体育多媒体CAI课件设计的第三阶段，需要编制软件，在前两个阶段中还只是纸上谈兵，但是在这个阶段，不再是字面上的，而是课件的实际材料。在这一过程中需要做的工作有三项，即：①通过对多媒体编辑工具的利用，对多媒体数据进行准确；②通过多媒体的著作工具对多媒体课件进行制作；③对相关的程序进行编制。

（4）体育多媒体 CAI 课件设计的第四阶段。在体育多媒体 CAI 课件设计的第四阶段，需要测试、检验。当完成了体育多媒体 CAI 课件的开发、设计工作以后，就需要进行测试、检验。主要目的在于对体育多媒体 CAI 课件的运行情况进行测试，从而对课件能否达到规定的目标进行测验。

2. 体育多媒体 CAI 课件的选题原则

我们都需要承认的是体育多媒体 CAI 课件具有的特点与优势是非常强大的，然而，有时候也会有相对的不足与局限存在，因此，在完成全部教学任务进行完成的过程中，不能对体育多媒体 CAI 课件过分依赖，还应该对高校体育教学目标、高校体育教学条件、高校体育教学资源与高校体育教学内容进行考虑，保证选择的最优化，并精心设计。更是要同其他教学媒体紧密联系在一起，组合应用，才能扬长避短，使更加高效的教学系统得以构成。

我们首先要对体育多媒体 CAI 课件设计的价值进行考虑，即这堂课是否必须要使用课件。如果传统的教学方式就能够使良好的教学效果得以达成，就没有必要花费大量的精力去对体育多媒体 CAI 课件进行制作。所以，在对体育多媒体 CAI 课件的内容进行确定的时候，通常会很难使用语言对高校体育教学过程中的难点与重点进行清晰的表达，在这样的情况下，对于体育多媒体课件的形式进行使用是比较合适的。之所以这样，主要原因是对于体育多媒体课件而言，自身具备较为丰富的功能，能够将声音、视频、动画、效果汇集在一起，能够更贴切地模拟自然，表现自然，或者是在实验条件的支持下，通过局部放大、旋转与重复等多种方式进行展现，从而有效地突破高校体育教学的重点与难点。基于模拟训练的目标而言，特别是初级训练更是比较适宜对多媒体形式进行应用。体育多媒体具有比较强大的模拟功能，能够有效地实施高校体育教学中的各种模拟技能训练。例如，对于一些进展比较困难的危险实验进行替代，高校体育教学过程中学生的实际操作，周期较长或者代价较高的实验，但是，需要去注意的是，在选择高校体育教学内容的时候，应该选择那些不存在演示实验或者是演示实验不容易做的教学内容，并且进行使用。

3. 体育多媒体 CAI 课件的设计原则

（1）体育多媒体 CAI 课件设计的结构化分析原则。在体育多媒体 CAI 课件进行设计的过程中，应该对结构化分析原则进行遵循，而我们这里所说的结构化分析原则，主要是指设计体育多媒体课件的时候应用系统分析的方法，按照结构要素组成对事物进行依次的分解，等到对于所有的要素都能够清楚地进行理解与表现的时候，就能够停止事物的分解了。基于结构化分析原则下的体育多媒体 CAI 课件，能够将高校体育教学的内容进行层次清楚的表达，纲举目张，不管是从系统宏观来讲，还是对于局部细节而言，所做的认识都是非常详尽的，因此，对于体育多媒体 CAI 课件中框架的展开与学科内容的设计都能够起到一定的促进作用。

（2）体育多媒体 CAI 课件设计的模块化设计原则。所谓的体育多媒体 CAI 课件设计的模块化分析原则，主要只是按照结构化分析的框架图指示，将相同或相近的部分设计成模块，使其相对独立，用模块图表示出单一功能模块的组成的结构，由此对课件系统及与之相应的功能结构进行确定，进而为结构化编程创造良好条件。

诸多实践证明，体育多媒体 CAI 课件的模块化设计不仅减轻了繁杂的内容编程的负担。还可保证课件的风格统一、制作程序化。

（3）体育多媒体 CAI 课件设计的个别化教学原则。在对高校体育教学内容进行选择与组织的时候，应该做能够具有广泛的适应性，应该保证某一层次的所有学生都能够适用。同时，根据学生不同能力的差异，对相应的高校体育教学程序和对策进行设计。例如，学生能够对自己学习内容的深度和广度进行控制，并对自己的学习进度进行确定。

（4）体育多媒体 CAI 课件设计的反馈和激励原则。体育多媒体 CAI 课件应该对于每一个学生做出的反应都能够将与之相对应的信息不论时间、无论地方的进行反馈。在体育多媒体 CAI 课件中，要保证友好的交互界面，充分调动学生体育学习的积极性，使学生始终处在良好的学习状态中，同时，还要及时的、有效的强化高校体育教学的效果，使及时正向激励的作用得到有效的发挥。

（5）体育多媒体 CAI 课件设计的贯彻教学设计原则。对于体育多媒体 CAI 课件的设计而言，其理论与方法在将体育课堂教学呈现包含在内的同时，也存在体育多媒体 CAI 课件进行设计的方法与原则。在对高校体育教学的结构与内容进行设计的过程中，体育教师不能单纯地依靠传统的方法与经验对高校体育教学结构与内容进行设计，同时，还要适当地使用系统的技术和方法，进而对高校体育教学目标的设计与分析，以及高校体育教学的诊断工作进行实施。

4. 设计体育多媒体 CAI 课件的具体方法

体育教师在开始制作体育多媒体 CAI 课件之前，应该对课件设计工作的重要性进行明确。现阶段，有一些体育教师不能够把握住体育多媒体课件的精髓所在，只是一味地去追求最新的科学技术，一不小心就将体育多媒体课件的性质进行了改变，使之成为了多媒体成果耳朵展示，这样是不够正确的。之所以出现这样的结果，主要是因为，没有对高校体育教学中体育多媒体课件起到的作用进行明确，需要注意的是，在高校体育教学过程中，体育多媒体课件发挥的作用不是主要的，而只是辅助性的。在体育课堂教学开展的过程中，教师仍然发挥着主导作用。只要将体育多媒体 CAI 课件的设计工作做好，才能够制作出更多优秀的课件。所以，在设计体育多媒体 CAI 课件的过程中，可以考虑从以下几个方面进行考虑。

（1）从体育多媒体 CAI 课件的可教性考虑。对体育多媒体 CAI 课件进行制作的主要目的是使体育课堂教学的结构得到优化，使体育课堂教学的效率得到提升，在保证促进体育教师教的同时，还要促进学生的学。所以，在设计体育多媒体 CAI 课件之前，我们应当对其存在的教学价值进行优先考虑，也就是说，对于这堂课是不是有必要对体育多媒体 CAI 课件进行使用进行考虑。通常来讲，如果仅仅使用传统的高校体育教学方式就能够使良好的高校体育教学效果得以实现，那么花费大量的精力对体育多媒体 CAI 课件进行设计就没有必要。所以，在对体育多媒体 CAI 课件的内容进行制作以前，应该尽可能地对那些不存在演示实验，或者是演示实验不容易做的高校体育教学内容进行选择、应用。

（2）从体育多媒体 CAI 课件的易用性考虑。对于体育多媒体 CAI 课件而言，应该能够清楚地表达出高校体育教学的目标、高校体育教学的步骤与高校体育教学的具体操作方法，同时，有一点需要注意的是，即在同本机脱离的情况下，在其他的计算机环境中，体育多媒体 CAI 课件也能够运行成功，因此，需要对于几个方面具体的内容进行注意。

①体育多媒体 CAI 课件应该便于安装，且能够随意拷贝到其他硬盘上使用。

首先，体育多媒体 CAI 课件应该保证启动比较快速，避免体育教师和学生焦急等待的情况出现。其次，体育多媒体 CAI 课件应该尽可能占据较小的容量，需要注意的是，对于体育多媒体 CAI 课件越大越好的错误观念必须要更正，伴随网络技术的日新月异，体育多媒体 CAI 课件的运行在网络环境下最好。②体育多媒体 CAI 课件应该具备友好的操作界面。对于体育多媒体 CAI 课件而言，其操作界面应该包含一些具有明确意义的按钮和图片，同时还要能够通过鼠标进行操作，对于一些特殊的情况的避免发展，例如，键盘操作复杂等。此外，应该合理设置体育多媒体 CAI 课件各个内容部分间的转移，保证方便地操作跳跃、向前与向后等步骤。③体育多媒体 CAI 课件的运行要保证一定的稳定性。对于体育多媒体 CAI 课件而言，在其运行过程中应该保证一定稳定性的存在，如果体育教师在执行体育多媒体 CAI 课件时做出了错误操作，那么就十分容易产生退出的情况，也会出现计算机重新启动的情况。因此，在体育多媒体 CAI 课件具体的操作过程中，体育教师应该尽可能地使死机的情况较少，甚至不出现，保证体育多媒体 CAI 课件运行过程中稳定性的存在。④体育多媒体 CAI 课件要保证及时进行交互应答。在体育多媒体 CAI 课件运行过程中，应该保证及时地进行交互应答。而不能将体育多媒体 CAI 课件等同与电影。同时，体育教师应该高度重视学生的学，使学生学习的过程是循序渐进的，为学生留出更多的思考余地。

（3）从体育多媒体 CAI 课件的艺术性进行考虑。对于一个体育多媒体 CAI 课件而言，它的演示在保证良好高校体育教学效果的同时，还应该是令人愉悦的，只有这样才能够将美的享受提供给体育教师与学生。如果上述的两项因素都能够保证，那么就表示这样的体育多媒体 CAI 课件存在着较强的艺术性特征，完美地融合了优秀的内容和优美的形式，值得我们注意的是，想要实现这两个目标一点也不容易。想要实现这些内容，体育教师不仅应该具备一定的美术基础，还要存在一定的审美情趣。所以，如果在这一方面存在过高的要求，就很难顺利实现的。

体育多媒体 CAI 课件的艺术性特征主要的表现是：具有柔和色彩的操作界面，科学合理地进行搭配，画面应该同学生的视觉与心理产生共鸣；为了能够保证将更加逼真的图像呈现出来，可以考虑使用 3D 效果；对于画面的流畅性要做出保证，避免停顿、跳跃的现象出现，需要注意的是，体育多媒体 CAI 课件画面中最多只能存在两个运动对象；此外，不仅要存在优美的音色，还必须通过适宜的配音进行辅助。

四、基于 WEB 的体育多媒体网络课件的教学设计

（一）体育多媒体网络课件设计特点

基于 Web 的体育多媒体网络课件的设计，主要对高校体育教学过程中学生的中心地位进行了强调。在主动获取知识的环境下，教师和学生的地位、作用和传统教学方式已发生了很大的变化，相应的教学设计理论与传统教学相比也出现了差异之处。因此，就需要围绕以学生为中心、强调教师与学生充分交互这一原则对体育多媒体网络课件进行设计，保证能够将对网络教学特点进行体现的软件被设计出来。

1. 对于"以学生为中心"的思想进行强调

在体育多媒体网络学习的过程中，应该使学生自身的主体性作用得到有效的发展，将高校体育教学课内与课外相结合、体育锻炼活动自觉参与的精神得到展示。应该保证学生能够在自身联系反馈信息的支持下，形成高校体育教学理论与方法的独到见解。

2. 对于情境在获取知识中的重要性进行强调，对于高校体育教学信息的接受与传递不等同于知识建构的问题进行强调

在体育课程加血构建的实际情境中，能够开展一系列的学习相关活动，能够促进现有认知结构中的一些相关经验能够被学习者有效的利用，使他们对于现阶段所学的体育课程教学的新知识可以更好地固化、索引。进而将某种特殊的意义赋予到新的高校体育教学知识中。因此，在对体育学习情境进行构造的过程中，必须要强调知识点与知识点间的结构关系，注意不能只是简单地罗列高校体育教学内容。

3. 对于获取知识方面，协作学习发挥的重要作用进行强调

在体育多媒体网络课件进行设计的过程中，对于学习者与周围环境之间存在的交互作用，还有网络环境能够强化协作学习环境的作用能够得到充分地、有效地发挥，这对于学习者充分理解高校体育教学内容有着非常重要的作用。

4. 对于学习环境的设计进行强调

我们这里所说的学习环境，通常指的是学习者能够自由地进行学习与探索的场

所。在学习环境中，学生为了能够使自身的学习目标得到顺利实现，需要充分地利用各种信息资源与工具。基于 Web 的体育多媒体网络课件的设计，从以学生为中心思想的指引下，并不是从高校体育教学环境进行设计，而是针对学习环境展开一系列的设计。这样做的缘由是，更多的控制与支配产生于教学过程中，而更多的主动与自由则是会产生于学习过程中。

5. 对于学习过程中各种各样信息资源的有效利用进行强调

在体育多媒体网络学习开展的过程中，为了能够有效促进学习者对知识的主动获取与探索，需要将更多有效的各类信息资源提供给学习者，与此同时，对于学生自主学习活动与协作式探索的顺利开展得到促进，对于这些媒体与资源应该要科学合理的利用。因此，在选择、设计同传统课件设计相关教学媒体的问题上，需要应用全新的、有效的处理方式。例如，充分考虑到如何获得信息资源、获取信息资源的途径有哪些、怎样有效利用信息资源等多项问题。

（二）高校体育教学内容选择与组织

只有对高校体育教学内容精心选择和组织，才能够使 Web 的优势得到充分利用。具体的做法主要包含以下几个方面的内容：

1. 教学内容的多媒体化

在高校体育教学开展的过程汇总，不仅可以对文字和图片进行使用，还可以利用声音、动画和视频。如果高校体育教学内容具体多元化的形式，那么也要综合地设计高校体育教学内容的形式，对于文字形式、图片形式、声音形式、视频形式与动画形式等多种高校体育教学手段综合利用，详实地解说体育运动技术动作的要点、方法、难点、练习方法、容易犯的错误、纠正错误的方法，等等多个方面的问题。

2. 补充体育课程教学相关内容与链接

在体育课程教学开展的过程中，在教学的各个知识点中不仅能够将体育课程课程标准要求的内容引入其中，还可以融入大量的相关信息与知识。例如，在《篮球》中，不仅仅包含体育课程课程标准中规定的一些技术教学内容与战术教学内容，同时，对于篮球运动的所有技战术进行了扩展，同时，还补充了篮球运动技战术实战应用的内容。在完成体育课程课程标准要求内容的同时，使爱好篮球运动的学生能够给对于国内外先进的篮球运动技战术、教学与训练相关网络站点进行了解学习。此外，还能够对网络连接的特点进行利用。

3. 高校体育教学内容动态更新

在体育课程网络教学开展的过程中，学生体育学习教材由体育教师负责编写的传统方式已经不再适用了。之所以这样，主要是因为在体育课程网络教学中，对于高校体育教学课件的相关内容，学习者可以自由地进行浏览，同时，还能够通过网上教师答疑解惑与课程互动讨论等教学手段对高校体育教学内容进行讨论，同时，还可以将一定的修订意见进行提供，促进高校体育教学互动过程中教师与学生对教材进行共同编撰可行性的实现。经过了体育相关教材的共同撰写以后，对于自身的问题与意见，学生能够进行充分的表达，从而使体育课程网络教学过程中学生的参与感得到大大提高。

（三）体育多媒体网络课件的结构设计

在设计体育多媒体网络课件结构的时候，需要考虑的因素有：高校体育教学的目标、高校体育教学的内容、交互方式的性质。体育多媒体网络课件结构主要建立在高校体育教学内容的基础结构上面，它可以保证体育多媒体网络课件的相关教学功能与大致框架得到充分地反映。

对于体育多媒体网络课件而言，其总体结构主要由两个部分内容构成，分别是高校体育教学的内容、网络交互。高校体育教学的组成内容，不仅包含体育课程课程标准要求的全部内容，还包含一些扩充性的知识。在高校体育教学网络手段应用的前提下。大量同体育课程教学核心内容相关的补充性知识在体育课程教学内容中能够有机融合，进而促进高校体育教学资源的一个特定环境得到营造，对于那些存在不同兴趣、爱好的学生而言，能够保证他们的个性化学习活动给予适当的支持。在大量扩充性知识得到引入的情况下，极大地丰富了体育多媒体网络课件的内容。对于体育多媒体网络课件而言，其主要内容包含了体育理论课的教学内容与体育实践课的教学内容。

对于体育多媒体网络课件而言，其主要内容包含了多项内容，例如，相关课程的介绍、课程讲解的要点内容、教师答疑解惑、课程讨论、作业处理与课程公告，等等。其中，相关课程的介绍主要有对学习总体目标的介绍、考核的办法、学习方法、学习进度与课时安排等的介绍；课程讲解的要点内容主要有每一个项目的教学任务、技术动作的要点、技术动作的难点、练习方法、容易犯的错误与纠正的方法，等等。

（四）撰写脚本与设计素材

多媒体手段的引入使得高校体育教学内容的形式得到多元化的发展，在体育网络课件撰写中需要对素材的撰写和设计进行考虑，我们这里所说的素材，主要包含文字、图形图片、声音、动画和视频，等等，对于这些不同类素材之间的连接关系也要进行考虑。

1. 文字脚本的撰写

通常对 Word 软件进行利用，来实现文字脚本的撰写，在内容的问题上，不仅仅要对高校体育教学的知识点进行考虑，还要利用文字清晰地表达出教师的讲解，另外还要在引入图形图片、动画及视频的文字处及超文本连接处做出标记，以便于后期的制作者使用，所以，在字数上，文字脚本是传统教材的 2~5 倍。

2. 声音脚本的撰写

在网络条件的制约下，如果在高校体育教学网络课件中对于大量的声音文件进行应用，很有可能会降低了其最终的运行速度，所以，声音文件的使用只能在特别需要的地方才可以，例如，对动画的解说、对视频的解说，等等。同时，在对这一种类别的声音脚本进行撰写的时候，首先要进行考虑的是目标动画与目标视频，同时，按照动画的解说与视频的解说，对时间与内容开展配音，需要注意的是，应该保证配音脚本的精炼化，同时，将动画与解说的过程、配音的过程紧密地联系在一起。

3. 关于图形图片的设计

我们常说的图片，就是指利用拍照技术而生成的图片。当体育教师向学生讲解高校体育教学内容的时候，可能需要使用到大量的图片。我们常说的图形，就是指利用计算机的相关软件而绘制出来的示意图，例如，篮球运动技战术配合的相关线路，等等。在对图片进行拍摄以前，体育教师应该针对每一个技术动作按照文字讲解的实际需要进一步设计照片拍摄的地点与数量。通过计算机相关软件绘制出的示意图，不仅要对相关的内容进行表现，还要对图形的种类进行确定，可以使二维图形的绘制，也可以使三维图形的绘制。从原则上讲，为了能够使基于 Web 的体育多媒体网络课件的制作成本适当地降低，尽量对二维图形进行使用，而放弃对三维图形的使用。

4. 关于动画的设计

我国这里所说的动作，主要是指动态的图形或图片。在基于 Web 的体育多媒体网络课件中，动作的使用只是为了表达原理性的一些内容，例如，体育教师在讲解球类运动的战术配合问题的时候，就需要应用到二维动画。在对相关动画进行设计的时候，首先需要进行设计的就是最原始的静态图形，然后需要通过文字与图示对初始动态图形的每一个变化过程进行说明，同时，还要以文字撰写的形式编写相应的解说文字。对于动画脚本而言，其主要构成有：每一步动作的图形、说明性的文字与线条、图片中的文字提示、解说的文字等。一般来讲，一套规范的制作表必须要通过制作人员和脚本撰写人员一起来进行商讨、确定，这对于撰写脚本与双方交流活动的开展能够起到一定的促进作用。

5. 关于视频的设计

在基于 Web 的体育多媒体网络课件设计过程中，视频的拍摄类似于图片的拍摄。通常来讲，视频的拍摄和图片的拍摄在步骤上是一致的。同时，如果拍摄过程中使用的是数字摄像机，那么图片拍摄与视频拍摄事实上就是处在同一个过程中。

6. 关于功能的设计

对于基于 Web 的体育多媒体网络课件而言，其功能的设计内容主要有：对于课件界面的层次选择、导航模式设计、按钮的选择、功能按钮的确定、课程内容展示方式的确定、类型不同素材的连接方法确定、课件内容文件结构的确立，等等。功能设计的目的主要是最大限度地使用多媒体网络手段，以便于能够使特定内容对教学活动辅助作用的完成起到一定的促进作用。在基于 Web 的体育多媒体网络课件中，按照总体结构的相关要求，通常通过三级结构对界面进行设计，分别是：主要界面（也就是网络课件的主页面）、选择内容的界面、讲解内容的界面。

在基于 Web 的体育多媒体网络课件的主要界面中，通常存在两组可以选择内容的按钮，分别是：高校体育教学内容组按钮、网络交互组按钮。为了可以适当地减少页面切换的数量，从而提升基于 Web 的体育多媒体网络课件的运行速度。因此在选择内容的界面，在设置每一节内容选择按钮的同时，还要设置每一章节的切换按钮。针对某一个高校体育教学内容，综合利用各种各样形式的高校体育教学手段，可以采用的高校体育教学手段有：文字介绍、动画讲解、图像图片、录像片段等。不仅如此，基于 Web 的体育多媒体网络课件还可以设置其他超文本链接形式的按钮，例如，欣赏，友情地链接到其他的网站。在基于 Web 的体育多媒体网络课件中，其界面存在的各式各样的按钮充分考虑了学生各种需求。此外，还可以科学合理地增加按钮的趣味性与动态效果。

基于 Web 的体育多媒体网络课件作用的主要表现是，使实践课中理论讲授时间紧且不系统的问题得到较好的解决，可在网上将体育课的教学内容完整系统地进行讲授，供不同需求的学生在网上进行个性化学习；可以利用多媒体的手段对体育运动技术动作要领进行形象生动地讲解，保证统一的、规范的动作，可以便于学生重复多次地进行观摩与学习，从而保证基于 Web 的体育多媒体网络课件对于课外体育锻炼能够起到很好地辅助作用；对于网络上能够提供的条件应该充分地利用，对于相关的问题，体育教师应该指导学生进行谈论，并且为其答疑解惑，等等。基于 Web 的体育多媒体网络课件，其应用与发展在对高校体育教学手段与高校体育教学方法进行改革与创新的同时，还会在一定程度上影响到体育教育理论的发展与高校体育教学模式的发展。在未来，未来多媒体课件中的一种重要形式就是基于 Web 的体育多媒体网络课件，同时它也将成为网络教学发展的重要资源基础之一。

第二节　高校体育教学中微课的应用

一、微课的概念

（一）微课概念

所谓的微课，主要是指以视频的方式把教师在课堂内外教学活动开展过程中传授的教学环节或者强调的主要知识难点与重点进行展示的新型的一种教学资源。微课具有一些比较显著的特点，即①碎片化；②突出重点；③具备的交互性比较强；④能够反复多次使用。微课作为一种全新的教学模式，能够使学生的碎片化学习活动随时随地的展开。

（二）微课的组成

对于微课而言，其组成内容的核心就是示例片段，也就是课堂教学视频。不仅如此，也有同某个教学主题相对应的辅助性教学资源，例如，素材课件、教学设计、练习测试、教师点评、教学反思和学生反馈，等等。在一定的呈现方式和组织关系下，它们共同营造了资源单元应用的"小环境"，而这里所说的资源单元具有的显著特征是主题式的半结构化单元资源，因此，微课同传统单一资源类型的教学资源之间是有一定的差异存在的，主要表现在教学设计、教学课例、教学课件与教学反思等方面，同时，微课与上述的这些教学资源之间存在一定的联系，即微课作为一种新型的教学资源，其发展基础就是上述的这些教学资源。

（三）微课的特点

1. 碎片化

微课视频具有 10min 左右时长，将课程教学过程通过清晰的视频录制的方式进行呈现，

一堂传统课堂教学的时间是 45 分钟，而原有的段状课程在微课的作用下，逐渐向点状课程转变，促进了更加精华、细致课程内容的出现，因此，学生除了课堂的教学的时间以外，还可以利用课外的其他的零散时间，例如，当学生排队等待就餐的时候，可以利用这一小段时间进行学习，所以，微课的显著特点之一就是碎片化。

2. 突出重点

基于学生的学习特点，在微课显著碎片化特点的影响下，对于教师的教学能力，微课也提出了更高的要求。在微课视频的 10 分钟展示时间内，要求教师将严谨的逻辑性进行体现的同时，还要将课程内容的重点与亮点突显出来，真正地抓住学生的学习重点所在，才能够使学生的学习兴趣得到更好地激发。

3. 较强的师生交互性

微课作为一种新鲜的课堂形式，它的出现在满足学生知识渴求与猎奇心理的同时，还能够有效改善传统教学模式中教学内容单方面输出的情况。在微课教学开展的过程中，教师与学生之间的互动得到加强，不仅仅及时收集了学生课程学习的兴趣点，

同时，对于学生存在的疑问，教师也能够及时进行回答。这无疑会为教师课程后期的设计提供便利条件，使其能够同现阶段学生的知识渴求得到一定的满足，进一步提升课程的教学效果。

4. 能够反复多次使用的教学资源

在微课的模式下，学生能够按照自身的实际需要，对体育学习活动随时随地的展开，例如，在课程开始之前，学生可以通过微课来预习运动技能、巩固难点和重点、练习课后的动作，等等，上述的这些微课学习途径，在进一步提升教学效果的问题上都能够发挥出有效的促进作用，此外，对微课教学模式的使用，还可以使学生课程学习的积极性得到增强。

二、微课在高校体育教学中的应用

由于微课存在碎片化、突出重点、较强的师生交互性与可重复利用教学资源的特征存在，从体育微课的基本设计原则出发，开发质量较高的体育微课，进一步地改善当前高校体育教学的现状，使学生体育运动项目学习的兴趣得到提高，对于体育方法微课的应用要始终去探索，一般来讲，在高校体育教学中，主要会在以下几个方面将高校体育教学中微课的应用体现出来。

（一）微课应用在学生体育需求调研中

鉴于高校体育教学传统模式中同高校体育教学内容间存在的关联，在高校体育教学实践活动正式开始前，体育教师应该按照课程逻辑将高校体育教学内容中的难点与重点提取出来，同时，还应该同现阶段体育栏目与体育热点新闻相结合，对体育微课进行制作，之后再将已经制作完毕的体育微课利用移动互联网的各种渠道实施学校范围内的广泛传播，通过对微课中学生的点击率与同帖评论内容的考察，体育教师能够有效地评定体育课程内容的合理性，保证体育教师更加深入地了解到学生兴趣与期待，此外。在前期对体育微课进行传播，能够有效地使学生体育学习的积极性得到调动，使学生更加期待即将要学习的新学习内容，使学生的被动学习行为转变向主动学习行为，进而提升学生的体育参与度。

（二）微课应用在体育课程设计中

对于体育微课而言，它不仅补充了传统的高校体育教学模式，还是多媒体时代下高校体育教学发展的必然结果。微课的逐渐出现。使得原本的体育课程设计得到了重新地定义，因此，就需要保证体育课程有理有据，有血有肉。在高校体育教学开展的后期阶段，将以往室内体育理论课与室外实践课分开开展的体育课程设计进行改变，将两者进行融合，同时，对于多媒体时代大数据的时代特征进行考虑，在设计室内理论课的时候，可以以教师和学生的信息数据交流为主，使他们的头脑风暴在体育课程中得到掀起，呈现出更加公平、更加自由的体育课程，此外，在这样的形式下，体育教师的教学思维能够得到更进一步地更新，使学生体育学习的热情得到提升。

（三）微课应用在体育课程教学中

一方面，基于体育时事热点与体育课程的新内容等方面，体育教师能够对新颖的体育新课进行设计，并向微课导入，在体育课堂教学开展的过程中，组织学生集体观看，主要的目的在于吸引学生的注意力，激发他们的体育学习兴趣；另一方面，在高校体育教学实践活动开展的过程中，体育教师可以将复杂动作的教学制作成微课，同时，在体育课堂教学过程中，重复地向学生播放，将更加具体、更加直观、更加生动、更加形象的高校体育教学过程呈现出来。

体育教师可以根据新课内容和时事体育热点等方面设计新颖的新课导入微课，在课上给学生观看，目的是为了使学生的注意力得到吸引，使学生的学习兴趣得到激发，另一方面，对于高校体育教学中复杂的教学动作，教师可将其制作成微课，在上课过程中对学生进行重复播放，使高校体育教学过程教学更生动、更直观、更形象、更具体。

（四）微课应用在体育课后辅导中

对于高校体育教学而言，每一节体育课堂教学的时间是 45 分钟，有限的高校体育教学时间，使教师能够面面俱到地讲授内容，想要实现精细化教学几乎是不可能的，所以，一部分学生不能与教学节奏同步或者是学生不能对其所学运动技能充分掌握的情况必定会出现，所以，当体育课堂教学结束以后，教师可以将包含有高校体育教学重点的微课视频向学生发放，以便于学生能够在课堂结束以后，对于已经学习的技术动作进行练习，对课堂上所学内容进行复习，切实保证温故知新，提升学生的学习效果。

（五）微课应用在体育课程分享中

从本质上来讲，分享就是学习，学生们喜欢在朋友圈中分享一些好的视频课程，对身边的朋友、学生进行感染，使学生的学习圈子得到扩大。因此，我们应该对于一种倡导分享精神的学习共同体进行构建，这样能够保证学习共同体成员间能够互相督促，对有用的体育学习信息进行分享。例如，将微课应用在体育舞蹈教学过程中，在校园内学生可以对已经学习到的且比较感兴趣的体育舞蹈课进行分享，使越来越多热爱体育舞蹈的学生能够及时地对学习资源进行获取、分享，同时，学生还可以对校园内其他兴趣一致的学生进行自发组织，安排大家一起对体育舞蹈微课进行学习，保证体育舞蹈社团的更进一步发展得到促进，通过对社团活动的有效组织，例如"快闪"等，使学生的课堂学习以外的生活得到丰富。

第三节　高校体育教学中慕课的应用

一、慕课的概念

（一）授课形式

慕课不是搜，而是一种将在世界各地分布的学习者与授课者通过某一个共同的主体或者话题而联系在一起的方式方法。几乎所有慕课的授课形式都是每一周话题研讨的方式，并且只会将一种大体的时间表提供给授课者与学习者，但是一般来讲，慕课课程都不会对学习者存在特殊的要求，一般会进行说明的内容比较简单，例如，阅读建议、每一周进行一次的问题研讨、每一周进行一次的问题研讨，等等。

（二）主要特点

1. 规模比较大

所谓的规模比较大特点，指的是网络开放的大规模课程，而不是以个人名义对一两门课程进行发布。我们这里所说的网络开放的大规模，通常是指那些参与者发布出来的课程，这些课程一般会被人们称作是大规模的课程或者是大型的课程，慕课的典型形式就是这些课程。

2. 开放的课程

所谓的开放的课程，一般会对创用（CC）协议严格遵守；可以说，开放的课程，就能够被成为慕课。

3. 网络课程

网络课程的相关材料通常在互联网上散步，而不是面对面的课程。此种课程的显著特征就是没有上课地点的特殊要求。例如，如果你想对美国大学的一流课程进行享受，那么不管你处在什么地方，不需要花费太多的金钱，只要有网络连接与电脑的存在就能够实现。在一篇评论文章中，斯坦福大学校长约翰·L·汉尼希（John L. Hennessy）曾经表达过这样的观点，即由学界大师进行授课的小班学习课程存在的水平依然很高，但是，经过证实，网络课程也是一种能够获得高校成果的学习方式。如果相比于大课的话，结果也是仍旧一样的。"

二、慕课在高校体育教学中的应用

（一）高校体育教学中慕课的应用价值分析

自慕课引入我国以来，已经过了很长的一段时间，同时对于此种新式的教学方法许多的学校都开始进行尝试，然而，慕课在高校体育教学方面的应用非常的少。实际上，慕课的教学方式在高校体育教学方面也是非常适用的。

随着社会网络的日渐发达，人们每一天都会上网，不管是对网页进行浏览，还是刷微博，我们都必须要承认的是网络在现代人们生活中承担的责任越来越重要，而对于慕课而言，就是对于此种现状进行利用，在学习开展的过程中充分利用网络条件。

除此之外，作为一种学习方式，慕课还具备一定的主动性特征，任何人的监督与强迫都不会对其发生作用，按照自己的个人兴趣爱好，使用者可以选择、学习自己喜欢的运动。同时，慕课所拥有的资源范围是非常广泛的，在高校体育教学开展过程中对慕课进行应用，教师和学生还可以实现对国外高校体育教学资源的分享与使用。

现阶段，学校体育课的开展形式主要是体育教师授课，学生接受学习，即高校体育教学课堂教学中，教师首先进行讲解、示范，之后学生在进行练习。然而，我国大多数中小学、高中体育课的开展时间一般是 45 分钟，当体育课的准备活动做完以后，由体育教师进行体育技术动作的讲解与示范，但是，一堂体育课的时间已经耗费很多，学生们的练习活动无法在剩下的时间展开。然而，对于这个问题，慕课就能够很好地进行解决。

当体育课堂教学结束以后，学生在课后就能够自行复习。在体育微课视频中包含真人操作与讲解，能够帮助学生对于白天体育课堂学习的动作进行复习与记忆。尽管高校体育教学时间长达一个半小时左右，学生能够拥有足够的时间去学习、练习体育运动技术，但是，他们只能对每门体育课修习一次，由于基本上每一个学期所要学习的内容都是相同的，但是学生上会存在差异，不利于一部分学生深入学习、练习的开展。

在高校体育教学中应用慕课的教学方式，不仅能够保证学生深入学习活动的开展，还有利于学生自己掌握学习进度。同时，由于慕课中存在的学习资源是非常丰富的，有利于学生寻找到适宜自己的运动方式。例如，对于一部分学生而言，可能剧烈的运动不适合他们，所以，他们能够在慕课中对比较适合自己的运动进行寻找，如此一来，不仅能够避免损伤自己身体的情况发生，还能够使体育锻炼的目的顺利实现。

实际上，如今许多家长也比较重视学生的体育锻炼问题，为了保证孩子的健康成长，家长总是喜欢带着孩子从事散步、晨练等体育锻炼活动。然而，这些体育活动的效果能够真正实现吗？大多数的时候，人们通常会认为，只要自己去参加体育锻炼了，那么就会有益自己的健康发展，然而，需要注意的是，如果人们不能应用健康的方式开展体育锻炼的话，那么在浪费了体育锻炼时间的同时，还会在一定程度上造成身体伤害。如果在高校体育教学中应用慕课的方式，那么在体育运动锻炼的过程中，参考标准的动作，去完成体育锻炼，在这样的情况下，就像是一个专业的私人教练陪在自己身体，并对体育锻炼活动进行正确的指导。

（二）慕课应用在高校体育教学中的未来发展

慕课的教学方式来源于国外，在我国的高校才刚刚开始起步，而且有一些内容对于我国高校而言是不适用的，必须要进行一定时间的磨合才能够同我国的教学理念相适应。

基于这样的形式，我国大部分高校应该按照自己学校的特点自行录制慕课视频。同时，在录制慕课视频的时候，可以是多个学校的教师共同参与录制、讨论，然后在对多个优秀的视频进行选择，并且上传到网上，方面学生们进行观看、下载、学习。由于不同的教师在讲课的风格与方式上也会存在不同，而教师们录制的慕课中包含多个教师的教学课程，那么学生就能够对最适合自己的教师进行选择。此外，这样的方面对于大课参与人数多的情况能够进行避免，还能够有效改善学生听课效果不佳的情况。将慕课应用在高校体育教学中，能够使小班教学的目的得以实现。同时，同一学科由多个教师进行录制，能够使比较与竞争更加容易形成，能够帮助学生对于自己的教学缺点更加仔细的观察，使高校体育教学质量得到提高。因为慕课在高校体育教学中的应用主要以网上教学为主，所谓的监督制度是不存在的，因此，要求学生的自主学习能力是比较强的。在高校体育教学考核的问题上，计算机考核的方式可以不再使用，体育教师组织学生开展网络学习以后，再安排传统方式的考试即可。只有这样才能够使学生通过计算机检测进行作弊的情况得到有效避免。此外，还能够对于学生通过慕课进行学习的效果得到检测。需要注意的，对于慕课教学的认识，教师与学生应该摆正。

对于慕课教学而言，并没有对教师完全地解放，例如，在高校体育教学开展的过程中，通过慕课教程开展教学的方式是可取的，然而，如果学生出现一些疑问，也只能是对同一个视频进行观看。因此。教师与学生之间的定期交流应该存在，如此一来，不仅能够使教师和学生之间的感情得到增进，还能够对学生的学习产生一定的帮助。尽管我国对于慕课的应用还处于刚刚开始发展阶段，然而，在现代网络发展的背景下，慕课的发展是一种必然趋势。将慕课应用在高校体育教学中，能够给教师未来教学的

开展带来一定的启示，需要注意的是，在使用慕课方式开展高校体育教学的时候，还应该同国内的高校体育教学情况相结合。例如，在篮球运动课堂教学开展的过程中，不仅仅要对手指上的动作进行教学，还要对脚上的动作进行教学，更重要的是还要将

两者的教学活动紧密地联系在一起。因此，在制作相关慕课的时候，不仅要将这些动作进行分解，还要有一个规范的整体动作，以便于学生学习活动的开展。查阅相关的文献资料可知，尽管国内已经引入慕课的教学方式，但是慕课在高校体育教学中的应用还不广泛，如果想要对一个体育慕课的完整体系进行构建，那么就需要具备相关的慕课教程。一般来讲，由国外引入的教学资源通常都是外语，存在大量的体育专业名词，导致学生在理解上容易出现困难，面对这样的情况，在制作慕课的时候，可以聘请我国国内优秀的体育教师集合具体的教学情况进行制作。此外，针对制作慕课的情况，还要对一定的标准进行设定，如果慕课没有达到标准，那么就不能够被使用，这对于慕课的进步与发展是非常重要的。

第四节　高校体育教学中翻转课堂的应用

一、翻转课堂的概念

(一) 含义

所谓的翻转课堂，词汇来源是英文词汇"Inverted Classroom"或"Flipped Classroom"，通常是指重新地调整教学课堂内外的时间，从本质上来讲，就是学习的决定权不再属于教师，而是由学生掌握学习的主动权。在翻转课堂教学模式的应用过程中，学生能够在课堂中有限的时间内更专注的开展学习活动，对于全球化的挑战、本地化的挑战、现实世界中存在的问题，教师与学生一起研究、解决，使得获得理解的层次更加深入。

在课堂教学开展的过程中，教师不会再耗费大部分的课堂时间去讲授信息，但是在课堂教学结束以后，学生需要自主地完成这些信息的学习，他们可以利用的方法有：听播客、看视频讲座、对功能强大的电子书进行阅读，或者是通过网络同其他同学互相讨论，综上所述，翻转课堂教学模式应用过程中，不管什么时候，学生都能够对自己所需的材料进行查阅。

此外，教师同每一个学生进行交流的时间也得到了增多。当课堂教学结束以后，学生就能够自主地对学习节奏、学习内容、学习风格与知识呈现的方式进行规划，同时学生的知识需要少不了教师对讲授法与协作法的使用才能够得到满足，使学生实现个性化的学习，最终的目的是通过实践活动保证学生学习活动的真实性。

（二）主要特点

在很多年以前，人们就对视频教学的方式进行过研究、探索。最直接的证据是：世界上大部分国家在 20 世纪 50 年代的时候就开展广播电视教育。为什么传统教学模式没有受到当年所做探索的任何影响，而翻转课堂教学模式却被人们广泛关注呢？作者认为是由于"翻转课堂"具有几个明显特点所导致的，对于翻转课堂的特点，作者进行了如下的分析：

1. 教学视频的短小精悍

不管是亚伦·萨姆斯与乔纳森·伯尔曼的化学学科教学视频，还是萨尔曼·汗的数学辅导视频，很明显存在一个显著的共同点，即教学视频的短小精悍。即便是较长一点的视频也只有十几分钟的时间，而大部分的视频通常只有几分钟的时间。同时，每一个视频存在的针对性都是比较强的，如果能够对某一个特定问题进行针对，那么也就会比较方便进行查找；应该尽量在学生注意力比较集中的时间范围内控制视频的时间长度，同学生的身心发展特征相适应；在网络上发布的视频存在回放功能、暂停功能等，能够自己进行控制，使学生的自主学习能够得以顺利实现。

2. 教学信息的明确清晰

在萨尔曼·汗的教学视频中存在一个比较明显的特征，即唯一能够在视频中看到的就是他的手，将一些数学的符号不断地进行书写，并且将整个屏幕慢慢地填满，同时，在书写的同时，还有画外音的配合。对此，萨尔曼·汗自己的观点是，在这样的方式中，同我站在讲台上讲课是不一样的，这样的方式就像将我们聚集在同一张桌子前面，一起学习，在一张纸上写下内容使人感觉贴心。这也是同传统的教学录像相比，翻转课堂教学视频的不同之处。如果在视频中出现了教室中的各种摆设物品，或者是教师的头像，那么就非常容易分散学生的注意力，特别是当学生处于自主学习状态的时候。

3. 重新建构学习流程

学生的学习过程一般会有两个组成阶段，即①第一阶段，传递信息。其实现需要教师与学生之间的互动、学生与学生之间的互动；②第二阶段，内化吸收。需要学生在课堂教学结束以后自己完成。在学生自己完成的过程中，因为缺少教师的支持与同学的帮助，因此，学生在内化吸收的阶段经常会出现挫败感，使他们丧失掉学习的动机与成就感。

"翻转课堂"的教学模式使学生的学习过程得到重新建构。第一阶段的传递信息，是在课堂教学开始之前由学生完成的，而教师在对视频进行提供的同时，也对在线的辅导进行提供；此外，第二阶段的内外吸收，是在课堂教学开展的过程中，由互动而实现的，对于学生存在的学习困惑与困难，教师应该提前进行了解，同时在课堂教学开展过程中对学生进行有效的指导，而学生与学生之间的互相交流活动，对于学生内化吸收知识的整个过程，还能够起到一定的促进作用。

4. 复习检测的快捷方便

当学生观看完教学视频以后，就会看到视频结尾处出现的几个小问题，通常是四个或五个，能够帮助学生及时检验自己教学内容的学习情况，同时，根据自身的学习情况做出合适的判断。如果对于这几个问题，学生的答案不是很理想没那么学生就应该回放一遍教学视频，对于出现问题的原因仔细思考。同时，通过云平台，将学生回答问题的实际情况及时地进行汇总、分析、处理，使教师对学生学习情况的了解更加客观、全面。教学视频的另一个明显优势，就是能够在经过一段时间的学习以后，方便学生对学习到的知识进行复习与巩固。伴随评价技术的不断发展跟进，使得学生学习的相关环节具有足够的实证性资料支撑，这对于教师真正意义上的了解学生是非常有帮助的。

二、翻转课堂在高校体育教学中的应用

（一）高校体育教学中实施翻转课堂的价值探析

1. 当前高校体育教学中存在的典型问题

（1）教学指导思想混乱。教学指导思想反映的是体育教师的理念问题，它会直接影响高校体育教学主旨的确定、教学方法和手段的选择以及整个教学组织管理过程，最终影响教学实效。"健康第一""快乐体育""终身体育"等各种体育课程指导思想的提出，有力的促进了我国高校体育教学的发展，但也会让体育教师感觉无所适从，众多的体育指导思想让体育教师很容易迷失教学的主旨，最后只能依据个人理解众里挑一并从一而终。可见，混乱的教学指导思想很容易让体育教师片面理解高校体育教学，最终会影响我国高校体育教学的良性发展。

（2）失去工具性和人文性之间的平衡。对于高校体育教学目标而言，存在三个维度，而里面包含的知识与技能目标能够展示出体育的工具性特征，而态度、情感与价值观目标能够展示出体育的人文性。体育课堂教学所具备的工具性对于实践性与实用性进行强调；体育的人文性对于情感与精神进行强调。

现阶段，高校体育教学能够充分地表现出其工具性特征，然而却忽视了人文性方面的特征，体育教师只是对应该教什么内容、怎么样的方式进行教学、学生如何进行学习、学生能否真正学会等问题给予重视，但是却很少关注在体育课程教与学中态度、情感与人格等方面的发展需求。最终导致的结果是，尽管学生已经对体育知识进行了学习，同时还对一定的体育实践能力进行了掌握，但是，在学生的体育实践意识与整体体育素养方面仍需要加强，对于体育课和体育教师，学生往往表现出淡漠的情感，致使"学生不喜欢体育课却喜欢体育""体育锻炼意识与习惯缺乏"的现象时有发生。由此可见，在传统的高校体育教学过程中，轻视人文性、重视工具性的方法存在的缺陷是非常显著的，如果想要高校体育教学的最终目标得到实现，就需要对高校体育教学的人文性和工具性的统一始终坚持。

（3）缺少个性与人本化。现阶段，我国体育实践中存在的问题有很多，虽然我们已经充分地意识到它们的存在，同时对力气持续加大，为了能够将这些问题解决掉，对于多种措施进行了应用，然而，却没能够有效地解决这些问题，导致瓶颈状态的出现，在我国高校体育教学中，这样的情况是非常明显的。在高校体育教学活动开展的过程中，体育教师通常从主观意识出发，将"一刀切"的特点表现出来，尽管打着面对全体学生的旗号，实际上却忽略了学生的个体差异；为了能够使传递知识和技能的目的得以实现，体育教师所发挥的作用是至关重要的，这主要是因为体育课堂教学的时间基本上都是在体育教师的示范和讲解中度过，在课堂容量的约束下，学生知识和技能内化的实现根本上是很难的，几乎不可能，更不要说提高学生的综合能力了。

在高校体育教学实践活动开展的过程中，体育教师需要面对非常复杂的学习群体，之所以这样说，是因为他们在性格特征、知识基础、学习方式、学习能力、学习习惯与学习需求等方面会表现出较大的差别，因此，体育教师需要深入了解学生的实际情况，同时实施区别对待，展开个性化教学。在传统的高校体育教学中，如果缺少一定的个性化与人本化，那么想要将因材施教落到实处是很困难的，很容易导致学生两极分化的情况出现，即好的学生没有办法更好，而差的学生则是越来越差，在体育课堂教学过程中，学生的主体性与独立性是根本无法实现的，严重背离了人才培养的要求。

（4）学习评价结果的失真。在我国传统的高校体育教学过程中，唯一的评价主体就是教师，而一贯使用的评价方法是纸笔测试与技能考核，在统一的标准下对学生进行考核，在按照相关标准由教师进行打分，这样的评价方法尽管看起来是公正的、客观的，但是实际上对于学生的学习效果与进步程度却很难反映出来，而"通过评价促进学习"的目的更是难以达到。一旦碰到考试，学生就如临大敌，经常出现的现象是：考试以前临阵磨枪，考试以后惶恐不安，课程结束以后就像是逃离了地狱中一般。

对于传统的高校体育教学评价模式而言，对于学生的学习效果不能真实地反映出来，同时，学生体育学习的兴趣很难得到激发，其体育锻炼习惯也很难养成，更为严重的是，还会使学生对体育课程学习的抵触情绪得到增加，不存在任何的意义。

2. 翻转课堂在高校体育教学中的核心价值

当前，翻转课堂在我国的兴起已经成为不争的事实，但对于翻转课堂的价值进行深入探讨似乎还未引起理论层面的重视。为了更好地应用和推广翻转课堂，对其在高校体育教学中的核心价值予以探讨。

（1）翻转课堂使高校体育教学与信息技术的有机结合得到实现。在信息化社会的今天，学生的生活方式和学习方式发生了深刻的变化，借助手机、电脑等信息化平台进行学习和交流已经成为日常习惯，为适应学生在行为和习惯上的变化，教学信息化在所难免。

翻转课堂作为信息化社会的产物，它使教学与信息技术之间有机结合，高度迎合了学生的日常习惯，改变了传统课堂呆板的模式和形象，使学生的学习变得更加自然和有趣。体育教师通过上传视频、三维动画、PPT等丰富而直观的教学材料，设置系统有序的学习导航，加上教师对学生客观而有趣的在线评价和在线交流，一个有益于学生身心发展的教学环境被创建出来，这不仅有效增进了师生之间的情感，更提高了学生的学习情趣和自主性，也为体育教师有效组织课中的教学活动奠定了基础，这对提高高校体育教学的实效性是非常有利的。

（2）翻转课堂有助于实现高校体育教学的精讲多练。学生课中学习和练习的时间总量是一定的，新知识、新技能的学习耗时过多，学生从事体育练习的时间势必减少，体育课的健身性以及学生对知识、技能的掌握和内化就会大打折扣，因此，精讲多练符合体育课堂教学的要求。在翻转课堂模式下，课前，学生通过观看教学视频，对高校体育教学内容有了初步的认知，对体育学习中的难点深有感受，在遇到无法解决的问题时，学生通过在线交流平台及时反映给体育教师，这样教师就会对学生的课前学习情况有所把握；课中，体育教师依据学生所反映的问题进行针对性极强的讲解或个别指导，不需要每个问题都进行讲解，这样就省去了很多讲解的时间，学生在课中进行体育实践的时间就被延长，精讲多练的目的自然达到。

（3）翻转课堂使高校体育教学要素的优化组合得到实现。从高校体育教学要素的层面上来讲，翻转课堂同传统的高校体育教学模式之间存在的区别并不是很明显。对于翻转课堂而言，它主要是利用科学合理地重构高校体育教学要素来使高校体育教学的效能实现增值的。我们之所以将翻转课堂判定为一种革命性的高校体育教学方式创新，主要是由于此种教学模式在对高校体育教学要素的各种功能进行准确定位的情况下，体育教师与学生的主体性地位得到了转换，使体育课程的资源得到拓展，促进了高校体育教学目的、高校体育教学方法手段与反馈机制的合理调整，对学生体育学习的良好环境进行创设，进而从质的层面改变高校体育教学的形态与结果。同时，需要注意的是，翻转课堂在组合高校体育教学要素的问题上并不是固定不变的，而是动态的，不是呆板的，而是灵活的。在高校体育教学的实践活动中，按照实际的需要，体育教师对于各教学要素间的组合关系可以随时进行调整以保证特定高校体育教学目的的实现。只有对于这一点充分认识，才能够保证我们能够将翻转课堂作为固定范式进行看待，进而使高校体育教学中应用翻转课堂教学方法流于形式的情况得到避免。

（4）翻转课堂能够促进高校体育教学中素质教育的实施。素质教育的主要目的是对于受教育者的综合素质进行全面提高，而值得注意的是，综合素质的提升离不开人的全面发展，同时，对于学生个性的培养，我们也不能忽略。个性的完善，不仅仅是素质教育开展的价值理念，又是素质教育的目标理念，培养个性、促进人的全面发展是素质教育的真谛。

在翻转课堂教学模式应用的过程中，学生的学习目标是统一的，同时，按照学生的具体实际，体育教师可以对学生的个体目标进行制定。通过对在线高校体育教学视频的观看，可以保证学生自主学习的实现，按照学生的学习能力来确定高校体育教学视频的观看次数，而按照学生的学习基础来由学生自主选择观看的内容；从反馈问题的层面上来讲，通过在线交流平台，学生能够将学习中的问题随时向教师反映，同时，获得教师的及时教导；从学习评价的层面上来讲，体育教师对于学生进行评价的根据是学生的进步程度，同时将小组评价和个人评价融入到最终评价结果之中，这种评价模式有助于让学生明确在学习过程中的优点和不足，并时刻感受到自己在不断提高。可见，翻转课堂这种个性化的教学模式对于学生端正学习态度、激发学习兴趣、提高沟通能力、培养正确的价值观以及促进学生的全面发展都是有益的。

（三）将翻转课堂教学方法引入高校体育教学的全新高校体育教学模式

我们常说的高校体育教学模式主要是指在一定高校体育教学理念、高校体育教学思想的引导与高校体育教学理论的指导下，因此而建立的各种各样高校体育教学活动的基本框架或者基本结构，一般来讲，高校体育教学模式主要包含了多种要素，即高校体育教学理论依据、高校体育教学原则、高校体育教学程序与学习程序、教学资源与实现条件，以及高校体育教学效果评价，等等。将翻转课堂教学方法引入高校体育教学的全新高校体育教学模式具体包含以下几个方面的内容。

1. 高校体育教学的理论依据

高校体育教学中应用翻转课堂的教学模式主要的思想基础是"先学后教"思想，对于高校体育教学活动中学生的教学参与与学生的主体性进行强调。从高校体育教学的特征与行为心理学原理出发，特别是对斯金纳操作性条件反射的训练心理学进行考虑，对高校体育教学的程序进行确定，具体是：利用视频学习——对于联系吸收理解——再通过视频回顾——互动反馈——强化实践——学习、掌握，并且在这样循环、反复的高校体育教学过程中，对于行为目标进行有效塑造；同时，按照学习的过程与教学的实际效果、学习主体对体育"教"与"学"的活动过程进行不断地完善与创新，促进预期高校体育教学目标与学习目标的实现。

2. 高校体育教学的目标与原则

对于高校阶段的高校体育教学目标而言，主要是为了对中小学阶段高校体育教学目标进行巩固与提高，即体育锻炼的思想、体育能力与体育习惯，对于学生科学、积极、主动参与体育锻炼的行为进行引导与教育，对于现代体育科学中的基础知识、基本技术和技能、方法进行扎根我；使学生体育锻炼的参与意识得到强化，使其体育文化素养得到提高。

为了能够保证高校体育教学目标的顺利实现，对于将翻转课堂教学方法引入高校体育教学的全新高校体育教学模式而言，而教学原则是体育教师应该遵照学生的认知水平与心理发展特征，加工整理高校体育教学内容，高校体育教学设计、制作通俗易懂，同时还能够紧密地联系到自身已经掌握的认知结构，同时，对于优质的、适宜的高校体育教学视频进行选择；对于一个宽松的、民主的、轻松的交互式学习社区或网络教学平台进行构建，对于学习反馈信息及时地掌握，并能够有效的发现问题、解决问题；在对总体学习情况进行把握的条件下，对于个体学习发展的过程给予重视，将高校体育教学过程中与学习过程中学生的主体性作用充分发挥出来，尽可能地使学生自己发展，对存在的问题自己进行分析与解决，同时对于自我认识、能力与技能进行深化、拓展。

3. 高校体育教学程序与学习程序

将翻转课堂教学方法引入高校体育教学的全新高校体育教学模式，其主要基础是优质的交互学习社区与视频资源，因此，可以将高校体育教学程序与学习程序进行如下的设计：对于高校体育教学内容进行预习——对于高校体育教学视频有针对性的进行观看，再进行示范、讲解——使学生学习动机得到激发，对学习过程中的问题进行发现——在课堂教学中由教师对新课进行讲授，对于学生的疑惑进行解答，并进行示范——有学生自主进行练习与实践，对体育学习效果进行巩固——对体育学习效果进行反馈，由教师、学生进行评价——通过资源拓展完善、知识和技能结构的扩展，以及反复练习实践对理解与训练效果进行加强。

4. 高校体育教学的实现条件和教学资源

近些年来，慕课教学平台的快速发展与互联网的广泛普及，创造了良好的条件以便于翻转课堂高校体育教学模式的实施。然而，对于现代高校体育教学来讲，我国的高校体育教学相关视频与学习资料还是相对较少的，所以，我国的体育教师应该从体育课程与教学内容出发，自行制作与设计高校体育教学资源。对于高校体育教学内容而言，主要有理论教学内容与动作讲解、演示的视频，保证体育练习活动的理解性与课余训练活动的实践性。既要有动作示范的要领分析，又要有训练实践的摄像记录视频，此外，还要有拓展性的教学资源和学习资源，以及专题性的研讨问题等。不仅如此，体育教师在组织学生观看教学视频、开展练习活动和训练活动的同时，还要保证在交互社区体育教师能够对于学生的疑惑及时地进行解答、讨论与指导。

5. 高校体育教学效果与评价

将翻转课堂教学方法引入高校体育教学的全新高校体育教学模式，其实施能够使学生体育学习的兴趣得到激发，使学生自主发现、学习、探索、分析、解决问题的综合能力得到培养，同时促进学生技术和技能的提升，同时还能够有效促进学生自主学习能力、社会发展适应能力、互相合作能力的发展与培养，体育教师应该通过交流与活动对学生的学习情况与进度实时地进行了解，还要对反馈信息及时掌握，同时再从所获的情况出发，适当地进行引导，对于学生的学习积极性进行鼓励并充分调动，在高校体育教学与讲解活动开展的过程中，针对不同的学生因材施教。将翻转课堂应用在高校体育教学中的相关活动适宜于小班教学，所以，在大班教学中一般很难实施。而对于学生的评价而言，需要注意的是，它同其他文化课程是不同的，在对其学习好坏进行衡量的时候，不能单纯地将考试成绩作为标准。在学校高校体育教学中，应该对"健康第一"的指导思想始终坚持，同时，还要在体育考试的各个环节中渗透"健康"的标准，对于标准化的项目应该适当地减少技能考试，同时，还要有效改进高校体育教学的评价标准，尽可能地避免学生由于害怕考试而出现的体育厌学心理与逆反心理，此外，对于学生应该积极地引导，使他们加强对高校体育教学的相关认识，使得学生体育锻炼良好习惯的养成得到促进，并且同高校体育教学目标相适应的人性化测试方法要积极构建。

第四章 现代学习观下的高校体育教学

第一节 体育教学模式的基本理论

在信息化技术不断更新发展的趋势下，网络信息化教学模式对我国教育领域产生了直接影响，各大高校在逐渐改革传统教学模式，以便能进一步适应教学环境的实时变化。近些年，高校体育教学模式也发生了一定改变，但是在传统教学观念的影响下，高校体育教学依旧有待进一步创新改革，这样才能够更好地满足现代化教学的需要。所以，创新体育教学模式，全面提高体育教学水平与质量已经成为必然趋势。据此，本文主要对高校体育教学模式的创新发展进行深入探究，以期为体育教学改革提供参考。

一、高校体育教学模式现状分析

（一）指导思想

教学指导思想是教学模式的核心，传统的高校体育教学指导思想以技能教育与素质教育为主，但是近年来，许多高校都根据自身情况转变了教育理念，将培养终身体育作为体育教学的指导思想。当然，仍有少数体育教师在教学指导思想上认识不足，没有与时俱进，这就需要高校进一步强化教师对教学指导思想的深层学习，以提高其对教学的综合认识。

（二）教学大纲

教学大纲直接影响着高校体育教育事业的有序发展，其对于扩大体育教学空间形成了一定的促进作用，并在明确体育教学模式的总趋势和总方向方面发挥着重要的指导作用。现阶段，大多数高校对体育教学时间的安排都比较合理。许多高校在与国家相关规定相符的基础上，结合本校学生的特色、地域差异等，对体育教学进行科学合理的规划与安排。

（三）教学条件

教学条件实际上就是教学环境、场地设施、教学器材等，是教学进一步实施的必要条件，也是体育教学顺利开展的重要基础。其一，目前，高校体育教学场地设施的配置并不完善，尤其是造价较高的场地设施，还有少数学校未实现现代化体育场所的构建，这就直接导致了学生难以实时接触新项目。所以，我国大部分高校的场地设施还有待健全，现代化与综合型体育场地也急需完善。在目前的体育教学中，学生可利用操场进行跑步、跳远等常规项目的训练，但是部分专业项目的场地却比较匮乏，这根本不能满足学生的多元化运动需求，进而大大制约了教师与学生进行体育运动的主动性与积极性。其二，高校体育教学器材不健全。当前，只有少数器材能够满足体育教学需求，品种比较单一，无法满足大部分教师与学生的多样性需要。另外，部分学校更换体育用具也不够及时，如网球、羽毛球等因使用频率高，损坏速度较快，如不及时更新，会严重影响教学效果。

（四）师资结构

对于高校体育教学而言，体育教师是最关键的人力资源，也是体育工作的组织者与指导者。目前，高校体育教师的年龄结构相对合理，但是在学历上，以本科学历教师居多，相较于其他学科而言，体育教师的学历相对偏低。因此，高校需进一步深化对教师的继续教育和培训，或积极引进更多高学历、高能力、高水平的教师，以提高教师队伍的综合实力。

（五）教学内容

当前，高校体育教学主要是锻炼学生的体育运动技能并发展其体能，而对提高学生心理素质、强化学生安全意识、提高学生社交能力等综合素质方面的训练不多，在教学内容上也大大忽略了对学生学习兴趣与健身需求的重视，根本体现不出体育教学的现代性。高校几乎很少开设健美操、瑜伽等大学生感兴趣的时尚体育运动项目，主要是因为高校的硬件设施不完善，不具备开设课程的条件。

（六）教学方法

高校的体育教学形式大都是依据学生兴趣设计的，其中多数院校以年级划分，进行分班教学，有的项目按照性别进行划分。在教学方式方法上，还有一些体育教师依旧利用讲解与示范的方式，没有重视学生的感受，为学生提供的自行练习时间过少，教学过程单一、呆板，无法充分调动起学生的积极性与主动性。再加上教师缺乏对新型教学方式的有效引进，对体育教学方式的创新不够，从而使得其教学效率与质量难以提高。

二、高校体育教学模式创新发展的策略

（一）更新指导思想

高校体育教学指导思想是体育教学模式的核心，所以，必须先树立科学有效的、先进的教学指导思想。体育教师也应做到与时俱进，不断引进新知识、新技术，拓展学生的知识面，增加学生学习体育的兴趣。另外，在体育教学中，高校还应基于全面发展的角度，积极引入现代化教育思想，争取为社会培养出更多高素质、高能力的优秀人才。

（二）丰富课程设置

现阶段，高校体育课程的设置比较单一，要适当增添一些学生有兴趣的项目，如拓展训练、瑜伽、健美操、野外生存等，以此调动学生的学习积极性与主动性，有效缓解教师的压力。同时，高校应在条件允许的基础上，根据自身实际情况，增加一些与大学生身心特性相符的体育课程，以提升学生的综合素质。

（三）师资队伍建设

对于高校教育事业而言，教师占据着主导地位，是提高教学水平与效率的关键所在。高校体育教师的综合素养与教学质量、学生健康发展之间息息相关。所以，高校

应高度重视提高体育教师的综合能力，为教师提供多元的培训平台，全面培养更多高素质、高能力的体育教师人才，从而实现高校体育师资队伍的优化建设。

（四）突出本校特色

各大高校应就本校实际情况、学生特点及所在区域的特色，创建与学校、区域特色相符的体育教学模式，将自身特色凸显出来。同时，还应努力把校内与校外的体育活动、课内与课外的体育活动全面结合，构成校内、校外、课内、课外的全程一体化教学模式，为实现体育教学目标提供有力支持。

三、现阶段高校体育教学模式的构建

（一）原则

1. 创新课程内容

高校应遵循精细化、实用化等原则，适当增添实践性与应用性课程，促使学生的实践能力得到全面提升。传统教学中的理论与实践能力的培养只是体现在课堂教学上，是在学生学习基础课程理论之后，才进行后续的技能教学。而全程一体化教学模式，是将技能教学始终贯穿于整个教学过程，让学生在每个阶段都能进行体育学习，这样一来，不仅会使学生的综合技能培养得以深化，还能实现学生综合素质的提升。

2. 优化教学内容

高校应注重提炼学科课程与技能培养的相关内容，进一步优化课程内容的讲授顺序，使得课程内容彼此之间实现相互联系与对照，从而促使学生将教师所传授的体育知识与技能内化吸收。

3. 实现全程一体化教学

高校要为学生创建教学技能训练场所，保证技能培养的连续性，在校内和校外、课内和课外之间实现全程一体化教学，最大程度地提高教师与学生的综合技能。

（二）构建

全程一体化教学模式并非是传统的阶段性技能教学，而是系统的、立体的技能培养过程，其主要把技能培养始终贯穿于学生的整个大学时期，也就是基于课堂教学，将技能训练贯穿于各学期的体育课程中。在不同学期的体育教学中，侧重安排相应的运动技能训练项目，并与第二课堂实现有机结合，形成课内外、校内外、教学训练与竞赛强化训练相结合的一体化教学模式，多层次、综合培养教师与学生的体育素养与能力，推动学生及时内化知识并深化技能。

综上所述，基于新形势，高校体育教学模式实现了历史性转变，开拓了体育教师实现专业化、综合化发展的新时期。高校应对体育教师全身心投入体育课程教学改革的积极性与主动性给予认同与鼓励，当其遇到问题时，学校应及时给教师提供帮助，或出台相关措施加以解决。虽然，近些年的高校体育教学模式发生了一定改变，但在传统教学理念的影响下，体育教学模式依旧有待进一步创新、优化，以便够更好地满足现代化建设的需要。这就要求高校必须深入了解体育教学的本质，明确体育教学的任务，掌握体育教学的规律，确定身体素质与运动技能教学的核心地位，基于新型体育教学模式，带动体育教学创新发展，开创体育教学的新形势、新局面。同时，高校还要深化人才培训培养，构建全程一体化的教学模式，其中，不仅要突出体育专业学生的优势，还要弥补其不足，将技能训练始终贯穿于整个体育课程教学过程，从而促进学生全面、综合发展。

第二节　体育教学中典型的教学模式

一、 CBE 理论的高校体育教学模式

为有效改善高校体育教学效果，推进高校体育教学深化改革，提高高校体育教学水平，有必要逐步摒弃传统滞后的体育教学模式，加强 CBE 理论在高校体育教学中的应用，对高校体育教学模式进行创新。基于 CBE 理论，对高校体育教学模式进行创新构建，要引导教师摒弃传统滞后的体育教学观念，将培养大学生的体育运动能力和综合素质作为核心目标，促进大学生积极参与体育课堂教学。

（一）CBE 理论概述

CBE 理论，是指能力本位教育理论。该理论注重培养学生能力，并以此为出发

点，确立人才培养模式，并制定具体的教学方案。CBE 理论的核心，在于对学生的职业岗位能力和综合素质进行培养。在教学过程中，学生占据核心地位和主体地位，要明确教学的具体目标，并对能力培养的详细方案进行科学制定，要有效保障教学内容具有较强的实用性。CBE 理论的教育目标在于有效培养学生的职业岗位能力，并基于这一导向，对课程资源进行建设，对主要教学内容和具体教学方法进行合理选择，合理制定教学计划，并对教学进度进行有序安排，对教学评价体系进行优化，有效增强大学生的职业岗位能力和综合素质。

高校体育致力于锻炼大学生的体魄和运动技能，增强大学生的综合素质。要基于 CBE 理论的科学指导，对高校体育教学模式进行科学构建，摒弃传统的体育教学思想观念和教学模式，引导大学生深入理解和全面掌握体育理论知识、体育运动技能和相关锻炼方法，有效增强大学生的身体素质。同时，对体育教学方案和内容进行优化，有效增强大学生的职业岗位能力和综合素质。

（二）CBE 理论在高校体育教学中的实施应用

1. 引导学生熟悉体育学习锻炼环境

在高校体育教学中，对 CBE 理论进行实施应用，要引导学生熟悉体育学习锻炼环境，引导学生全面了解高校体育教学的具体内容、各项体育教学资源和体育锻炼设施等。另外，体育教师要引导学生了解高校体育教学的相关制度和具体规章。

2. 明确 CBE 理论在高校体育教学中的实施流程

高校师生要明确 CBE 理论在高校体育教学中的实施流程。在此基础上，体育教师要科学指导学生对体育课程的各阶段学习目标、体育锻炼计划进行合理制定，并督促学生严格遵循学习目标和体育锻炼计划有序开展体育学习和锻炼，确保学生在规定期限内完成体育学习任务。

3. 对学生入学体育水平进行评价

高校体育教师要对学生入学的体育水平进行客观公正的评价，并依据评价结果，引导学生对体育学习锻炼的各项计划进行制定，并将评价结果作为体育成绩，对学生档案进行录入。同时，体育教师要综合考虑高校体育教学的各项状况，增强体育教学计划的可行性。

4. 对学生的体育学习锻炼成绩进行评定

高校体育教师要基于 CBE 理论确立各项体育评价指标和相关要求，并合理确定体育考核时间，对学生演示的体育动作进行观察测定，在此基础上，对学生的体育学习锻炼成绩进行评定，并将成绩录入学生档案。

（三）基于 CBE 理论的高校体育教学模式创新构建策略

1. 对高校体育教学目标进行明确

基于 CBE 理论，对高校体育教学模式进行创新构建，要对高校体育教学目标进行明确。高校体育教学，不仅要注重锻炼学生的各项体育运动技能，还要深入挖掘体育运动项目具备的交际功能，强化体育课堂教学过程中的学生交互，促进高校学生开展体育运动项目竞争和团结协作，有效增强学生的竞争精神和合作精神。例如，部分体育项目具有较强集体性。对于此类体育项目，教师在教学过程中，可设置具有较强互动性和趣味性的体育比赛，组织大学生分成多个小组，开展小组间的对抗比赛，在此过程中，有效增强学生的竞争精神和合作精神，并锻炼学生的体魄和意志体力，在潜移默化中增强学生的人际交往能力，加强体育教学课程对学生职业岗位能力的有效培养。

2. 基于职业能力创设体育教学情境

加强高校体育教学对 CBE 理论的应用，要充分体现"能力本位"，并基于职业能力对体育教学情境进行创设。体育教师要深入考察并明确掌握各项体育运动项目的特点及其蕴含的教育功能，对体育教学情境进行科学创设，实现对大学生岗位职业能力的有效培养。教师要对体育教学情境进行科学创设，凸显集体互动性，实现对大学生体育学习个性化需求的良好满足，并有效促进体育教学集体目标的实现。教师要对体育课堂教学内容进行拓展延伸，将素质拓展的相关项目纳入体育教学课程中，增强大学生的集体意识和职业岗位能力。

3. 培养大学生的个性化能力和综合素质

基于 CBE 理论，对高校体育教学模式进行创新构建，要强化对大学生个性化能力和综合素质的有效培养。教师要引导并鼓励学生对各项体育运动项目进行自学，大幅度提高学生的自学能力，并强化学生对 CBE 理论的深刻认识，在潜移默化中增强学生的自学意识。教师要强化对大学生的科学指导，激发大学生对体育运动项目的学习兴趣和热情，引导学生对感兴趣的体育运动项目进行深入学习和反复锻炼，有效强化学生的个性化体育素质和运动技能。同时，在体育课堂教学过程中，教师要对后进生给予更多关注，并为后进生设置合理的体育教学目标，激发后进生对体育运动项目的学习兴趣和自信心，有效增强大学生的综合素质。另外，教师要兼顾个性化和集体化体育教学，促进大学生加强体育学习过程中的沟通交流。

4. 加强体育职业规则和道德教育

体育运动项目呈现出较强的交际性。多数体育运动项目存在相应的规则，学生在参与体育运动项目的过程中，自觉遵守各项规则，能在潜移默化中增强自身的教养。在 CBE 理论指导下，高校体育教学要加强体育职业规则和道德教育，帮助大学生有效完善其职业能力结构。通常，高校在开展体育教学过程中，所引进的各项体育项目，均具备相应的教学制度和各自的规则。对此，教师要加强体育运动项目相关制度和具体规则对学生的约束性作用，引导学生在参与体育运动项目的过程中开展有序竞争和有效合作，引导大学生树立良好的规则意识，并对大学生的各项体育行为进行安全合理地控制。

综上所述，CBE 理论注重培养学生能力。加强 CBE 理论在高校体育教学中的应用，对于增强学生的职业岗位能力和综合素质具有至关重要的意义。CBE 理论在高校体育教学中的实施应用，要引导学生熟悉体育学习锻炼环境、明确 CBE 理论在高校体育教学中的实施流程、对学生入学体育水平进行评价、对学生的体育学习锻炼成绩进行评定并基于 CBE 理论加强高校体育教学管理。基于 CBE 理论，要通过对高校体育教学目标进行明确、基于职业能力创设体育教学情境、培养大学生的个性化能力和综合素质、加强体育职业规则和道德教育、采用人性化的体育教学方式等策略对高校体育教学模式进行创新构建。

二、"互联网+"时代高校体育教学模式

随着我国互联网的进一步发展，其对于高校体育教学的冲击将会变得越来越显著，传统体育教学方法和模式在未来的教学过程中将难以产生效果，必须要对教学进行必要的改革。作为一名高校体育教师，在当前也应该充分认识到互联网对高校体育

教学的诸多冲击，并且能够尽快地转变教学理念，将自身放在跟学生等同的位置上，并积极学习各类新型教学方法，灵活利用互联网的优势来提高体育教学的最终效果。这样，高校体育教学就能够在网络背景下实现更好的发展，发挥体育教学的真正价值。

（一）何为"互联网+"新型教学模式

互联网以其高效便捷、实时沟通、信息共享而优势凸显。如何充分利用"互联网+"，改变传统的备课、课堂教学、教育资源的差异给学生带来的不公平，受条件限制，无法挖掘学生的潜质，发散思维，自主能动性学习差等都可以在这一互联网教育模式下改变，以共享信息为平台，互相交流学习，实时答疑，以大数据为背景，了解当代学生的学习情况，动态调整教学模式，提高教学质量，实现教学相长和资源共享。

那么什么是"互联网+"的新型教学模式？

"互联网+"新型教学模式是指教师以"健康第一"为指导，以新课标、新理念为准则，以学生为主体，事先在互联网上公布各个学期体育项目相关的教学内容和任务，提供各个专项的相关信息和视频，鼓励学生在课外进行主动使用互联网，对所选专项有一个基本常识和基本技能的感官认识，从而能正确选课，再通过课堂内的教学传授、自主学练、交流探究、总结提高等教学措施来完成教学任务的一种教学体系。既能避免学生选课时瞎选乱选的盲目行为，又能为学生主动熟悉各项体育项目提供足够的时间和空间。其结构形式为：网上公布教学计划和教学内容及相关视频——了解项目特性和运动原理——激发兴趣——选课学习——交流探讨——探究创新——总结评价——强化提高。

（二）互联网信息技术对高校体育教学的积极意义

1. 促进了高校体育教学内容的扩充

传统体育课堂教学，往往是以教师为中心，让学生反复练习教师所示范的技术动作，属于被动学习，缺乏趣味，学生学习效率低下。因此，为了提高体育教学效率，就要丰富体育教学的内容，提升其趣味性和多样性。在高校体育教学内容活动的设计中，通过引入信息技术与体育专业知识相结合，不仅能发挥互联网信息技术的优势，还会丰富体育教学的内容，从而吸引学生的注意力，激发学生自主学习的动力，培养学生良好的锻炼习惯和锻炼意识。

2. 可以在一定程度上弥补高校体育教学的不足

传统的体育教学，由于受场地、器材等因素的困扰，很难做到因材施教，而网络信息技术的迅速发展和广泛应用把人类带进了一个全新高速发展的信息时代。随着网络信息技术不断地被应用到教学的各个领域之中，学生获取知识的途径呈几何倍数增长，高校体育教学也不仅仅局限于课堂教学，在教师的指导下，学生可以通过信息网络学习到各种各样的体育技能和知识。

(三)"互联网+"高校体育教学的改革途径

1. 转变教师教学理念

在传统教学模式中，教师跟学生之间的地位处于不平等的状态，教师通常都站在主体地位上，学生只能被动的接受教学内容。在这种教学环境中，教师具有较强的权威性，并且跟学生之间的交流沟通非常有限，最终的教学效果也不会很高。而在互联网不断发展的背景下，学生的思想受到互联网的影响变得更加开放，并且开始抵触传统教学中的师生关系。这个时候，高校体育教学就应该在这方面做出改革，转变教师的教学理念，优化教学过程中的师生关系。

在这之中，教师应该认清互联网时代的转变，并积极接受互联网思想的熏陶，在教学过程中跟学生建立平等的交流关系。体育教学的内容相对于高等数学、专业课等学科来说本身就相对轻松，因此教师在教学过程中更应该弱化自己的主导形象，而应该尽可能的引导学生共同完成教学过程。这样以后，教师就能够实现跟学生的平等交流与沟通，不会受到太多的抵触。

2. 使用新型教学方法

在高校体育的传统教学中，教师一般采用的方法都是"示范—模仿法"，并且还会在一些体育运动开始之前给学生进行必要的讲解。这种方法虽然在短期内比较有效，并且能够让学生快速掌握各类体育运动的技巧，但是很难对学生进行强化训练，难以保证教学的质量与品质，最终使得学生的体育训练效果参差不齐。特别是在网络背景下，很多信息化技术都已经拓展到了教育行业中，因此高校体育教育也应该灵活使用各类新型教学方法。

本文认为翻转课堂和多媒体教学通常在体育理论教学和课堂教学中具有较好的效

果，但对于单个体育运动项目的技能熟练度提升方面的效果非常有限。在这种背景下，可以在高校体育教学中推行慕课教学法。即将部分体育教学内容放置在互联网平台中，让学生能够随时随地通过智能手机、平板电脑等终端来查阅到各类教学内容，提高了体育教学的灵活性。不仅如此，慕课平台中还可以放置一些视频、图片、分解教程等资源，可以让学生清晰直观的看到各个体育运行项目的技巧，并且还能够随意回放各个动作，增强了教学效果。但慕课平台在高校体育中推行也是一件长期工作，需要高校投入一定的资源来着手完善。高校可以考虑逐步建设所有学科的慕课平台，充分利用这种新型的教学方法，将互联网跟教育教学真正融为一体。

3. 优化校园体育文化

在高校体育的传统教学中，很难形成特色鲜明的校园体育文化，最多体现在一些校内标语和标识上。这也使得学生接受体育教学过程中很难受到校园文化的影响，使得体育教学的效果一直都不理想。在互联网快速发展以后，高校大学生能够通过互联网来接触到更多的文化内容，使得高校内部文化组成变得非常复杂，无法对大学生群体产生正向的影响。

想要保证高校体育教学在网络背景下的教学效果，就应该改善高校校园文化，真正建立富有体育精神的新时代校园文化。这也需要高校管理者能够明确体育精神对于大学生身心成长的重要性，做好社会主义核心价值观相关宣传的同时，也能够跟体育院系共同开展一些校内体育活动，比如新生篮球赛等。通过这些活动在校内营造一种体育文化氛围，解决高校体育教学受到互联网多元文化冲击的问题。

4. "室内""室外"相结合，增加多媒体教学在体育教学中的应用

现代的体育教学，不应局限于体育场地（馆）当中，而是应该以教室、体育场地（馆）相结合，为多媒体教学提供更多的授课时间。例如教师在教授体育技术动作和战术的时候，需要给学生演示和讲解，在传统教学中，老师的示范会比较麻烦和抽象，学生理解上也会产生障碍，所以可以通过教室中的多媒体设备，通过多媒体技术来辅助体育教学，让学生通过观看技术和战术的视频图画教学或者体育比赛视频来进行学习，这样的教学更容易提升学生的注意力，且更简单易懂，让学生加深对体育运动的认识的同时，提高体育技术的掌握能力。

5. 创新体育教学内容，深化课程改革

在信息化的教学活动中，有很多的教学资源和教学方式，但是在教学活动中要选

择适合本堂课的教学资源，不能一味地追求教学内容的丰富性和多样性，而忽略学生对内容的接受程度。所以，在选取教学内容时，要对其进行取舍，选取更适合学生理解和接受的，能使学生明确教学目标，且能对学生达到教学效果的教学内容。

三、文化传承视野下高校体育教学模式

中国作为四大文明古国之一，拥有五千年的文化历史，我国的文化源远流长，博大精深，一直以来都是人们的精神向导。在我国社会发展进入新时期后，我国在教育中的改革也表明国家对文化传承的高度重视，对文化复兴的强烈期望，在高职院校的教育改革中如何融合中华文化，是改革中重要的环节，对于文化传承起着重要的作用。

（一）文化概念

文化是人们对生活的升华，是人们在满足物质需求后对精神需求的追求，是人们在社会发展中，为后人创造的文明。在精神世界中有所寄托，先辈在精神追求的过程中，创造了文字，发明了笔和纸，通过诗词歌赋让我们有机会了解到他们的精神追求，这就是文化。

（二）体育文化

体育文化与早期人们的生产生活有很大的关联，受到地区和民族文化的影响，是人们对生产劳动的总结和升华，也是在和平时期人们对尚武精神的推崇，逐渐演变成为体育文化。反映了人们对物质生活的满足，追求身体健康的精神。

（三）文化传承创新与高校体育文化

一个国家的综合实力在文化传承上有重要的体现，只有综合实力强的国家，才不会被国外的文化侵蚀，才会将本国的文化进行传承。任何国家和民族的发展都离不开文化的熏陶，而文化也离不开社会和人民，人离开文化的熏陶就会丢失精神的追求，就会变成野蛮人。社会离开文化的熏陶，社会的风气就会变得焦躁，不知道生活的美好，渐渐的变得麻木愚昧。文化、人和社会是相辅相成的关系，只有携手共进才能让人民进步，社会进步，文化才能得到传承。高职院校是为社会培养人才的基地，因此

不能没有文化的熏陶，高职院校教育作为在社会发展中的重要角色，所以在文化传承创新方面有着重要的责任，是向学生传播文化的重要基地。高职院校的教育，如果对学生没有文化传承的教育，就不可能培养出品格高尚的大学生，不能培养出高素质技能型人才，对社会的发展就没有价值。所以在高职院校的教育中文化传承创新是重要的教学目标，高职院校需要在校园内为学生创造良好的文化氛围，在文化传承创新上要成为领头羊，只有这样才能增强我国文化复兴的建设，才能让我国的文化在全球多元化的影响中生生不息。

体育文化作为高职院校校园文化的一部分，主要是利用学生的体育活动，培养学生的体育精神，增强学生文化意识的教育。高职院校拥有良好的体育文化氛围，不仅可以培养学生的体育锻炼意识，还可以培养学生的社会责任意识，可以让学生对于参加社会活动变得更加积极，培养学生在社会工作中的交际能力，所以在新时期对于新的文化需求，高职院校体育文化要积极的创新改革。高职院校体育文化反映这个时代这个国家的特征，在教育中影响着学生的社会价值观，也影响着学生对于体育精神的认知，和体育活动的行为。体育文化从其本质上讲，是体育活动中体现出来的精神价值，这种体育精神影响着学生的精神追求和行为作风，是在人们长期的体育活动中总结的意识形态，是人们超脱于体育活动的内心追求，是体育文化的灵魂。不管是哪种形式的体育运动，都不能没有体育精神，体育行为是人们为了满足对于体育活动需求，进行的活动，体育行为有很多种，比如观赏比赛、购买体育用品的消费、组织体育活动的一些有关体育的一些行为和活动，这就产生了体育行为文化。高职院校体育教学的重要性，是其可以影响学生的体育行为和体育活动习惯，从而对学生的体育精神产生影响。体育精神的培养，可以决定学生的人生价值观，所以高职院校要通过不断的进行文化传承和体育改革才能更好的培养学生的精神追求。

（四）当前体育教学存在矛盾分析

我国对高职院校的体育教学是比较重视的，在新中国成立的七十年里，根据不同时期的发展需求和历史特点，前后五次对高职院校体育教学的指导纲要等相关文件进行修改，每次修改都为高职院校的体育教学内容进行拓展和补充。新的时期，也要有新的内容，老旧的体育教学指导纲要，在当前实际的体育教学中有很多的问题，现在的学生沉溺于游戏、玩乐，身体素质逐渐下降，还不喜欢参加体育活动，缺乏体育锻炼活动和意识。这种情况的发生与高职院校的体育教学有关，也与社会发展的环境有关，面对新的问题和环境，高职院校要积极寻找解决办法。

1. 课程目标理念与实施载体之间缺失

根据教育部颁布的《全国普通高等学校课程指导纲要》指示，全国高职院校体育教学要以"健康第一，终身体育"为指导思想，"运动参与，运动技能，身体健康，心理健康，社会适应"为教学目标。而在高职院校实际的体育教学中，无法正确的用体育课程对学生进行心理健康辅导，和社会适应活动实践教学目标，在高职院校长期体育教学中，习惯教授体育知识，体育活动技能知识，没有重视在体育教学中进行体育文化的培养，使体育教学缺失了文化的传承。

2. 课程目标理念与组织实施行为之间的缺失

体育课程目标理念的实现需要高校合理安排课程内容，系统建立课程结构，不断完善体育教学方法。当前高职院校的体育课程时间短，课程内容单一枯燥，学生多是学习体育课程的理论知识，教授学生体育技能，开设的课程有乒乓球、排球、羽毛球等课程，并不是所有的学生都对这些课程感兴趣，所以导致学生在体育课程的学习兴趣并不是很高。学生对体育课程的学习也只是为了获得学分，对体育运动的技术技能，只学到很浅的一部分，只要能够达到考核的要求，就不会再练习，也不会对体育文化的深入学习。学生到体育课堂，只是为了签到保证满勤，综合考核成绩提高分数，这样的体育教学模式没有重视对学生进行体育意识和体育习惯的培养。而且高职院校的场地有限，为了全方面的发展会开设其他的课程，建设相关课程的教学场地，使体育教学的场地减少，由于高职院校的资金短缺，在体育器材的购买力度上也会降低，不能满足当前体育教学的对硬件的需求，使体育教学的改革受到很大的阻碍。

3. 课程目标理念与器物配备之间存在缺失

现在很多高职院校的体育场地有限，体育器材也得不到充分的补充，在实际的体育教学中无法实现课程目标理念，很多体育项目在高职院校都没有开设，如网球、标枪、射箭等。有些体育项目开设但是学校没有匹配专业的场地和器材，如乒乓球、排球，使学生对体育课程的兴趣没有较高的热情，所以体育教学的效果并不能让人满意。

（五）高职院校体育教学改革课程建设建议

1. 体育课程目标的确立要具有多维价值性

高职院校体育教学，在文化传承视野下的体育课程目标主要是学生通过体育学习与体育活动完成的。主要是学生当前的能力价值观、健康价值、文化价值和社会价值。能力价值使学生在高职院校体育课程中，对体育知识的掌握和体育锻炼的程度，健康价值观使学生，运用体育知识和锻炼使自身的身体素质得到提高，心理素质也能够健康，文化价值观是学生在体育活动中的体育习，社会价值观是学生在体育课程学习过程中形成的思维和价值。所以高职院校体育课程目标的确立要具有多维价值性。

2. 多元化课程内容设置

课程内容的设置要根据实课程目标而确定，从以往的经验中寻找方案原则，要理论与实践、传统与现代、民族与国际、兴趣与科学、生活与人文相结合。以此为原则，根据实际的教学情况，设计体育课程内容，如体育知识理论、体育项目、竞赛训练，这样丰富了体育课程内容，也使中华文化得以传承。

3. 系统化的课程实施

设计好的体育课程在实践的过程中，要进行系统化的执行，要合理的安排课程设置和课程结构，在实际的体育教学中要找到合适的教学手段，体育教师要因材施教，对不同学生能够有不同的教学方法。高职院校也要加强对体育教师的文化素质培养，在假期体育教师都有时间的阶段进行专业素质的培养，学校对体育教学的硬件设施进行建设，也可对人文景观进行建设，为学生提供良好的文化氛围，在文化传承视野下，体育课程系统化的实施也有着很大的推动作用。

（六）文化传承视野下高校体育教学模式创建研究

1. 高校体育教学改革与校园体育文化相结合

校园文化建设和体育文化建设作为高职院校体育教学改革中的精神动力，需要对其建设进行加强，在高校体育教学的改革中需要结合人文关怀，在改革中要坚持以人文本的理念，对高职院校内体育物质文化建设要不断地完善，同时也要不断完善体育精神文化，学生在文化的熏陶下，会不断的提升自身的身体素质和心理素质，达到身体健康和心理健康的教学目标，这样可以促进校园体育文化的完善。在体育教学中融合中华文化，不仅可以促进学生心理健康，还可以让中华文化得到文化传承。

2. 高校体育教学改革与文化传承相结合

对于中华五千年的文化，需要不断的传承才能了解其中的奥妙，我国文化经过积累沉淀，已经拥有非常雄厚的根基，深入每个人的心里，生根发芽。所以要用深入人心的文化，在高职院校体育教学中进行改革创新，一定会成为体育教学改革的助力，中华文化也会在体育教学中得到传承和发展。

高职院校体育教学改革，主要以"怎样培养人才"和"培养何种人才"为基准，要想得到满意的答案只有通过文化传承创新。文化传承创新和高职院校体育教学改革的融合，不是一蹴而就的事情，需要对其进行探索研究，需要思考制定行之有效的计划。才能让高职院校培养出国家当前需要的人才，在体育教学过程中还可以弘扬中华文化，对学生进行体育精神的培养，首先要培养学生对文化传承意识，其次要培养学生对精神世界的追求。这样才能让学生主动学习增加自身的文化素养，学生才能主动锻炼，增强自身的身体素质，才能让学生在文化传承视野下努力充实自己，为我国高职院校体育教学改革做出贡献。文化传承是高职院校体育教学改革的理论基础，在体育教学改革中提倡的以人文本和各种健康体育教学理念都是送中华文化中提炼出来的，所以高职院校的体育教师，也需要不断地学习扩充自身的理论知识，这样才能为学生提供更好的体育教学，让学生在掌握体育运动知识和技能的同时，也能够做到对中华文化的传承。

3. 高校体育教学改革与中华文化精神内涵相结合

在社会的发展中，高职院校体育教学的改革也更进一步，在体育教学改革之后，学生的心理素养和身体素质都得到很大的提升。因此改革后的体育教学也为中华文化的传承和发展提供新的路径，中华文化在高职院校的体育教学中进一步的得到发扬和传承，促进学生对文化的学习和精神的进步。这样的高职院校，可以更好的为我国当前的社会发展培养高品格的人才，可以让文化的传承得到更好延续。在体育教学中发掘中华文化的精神内涵，高职院校在体育教学改革的过程中会成功，也会是失败，失败并可怕，我们可以对失败总结经验，在下一次的改革实践中，就可以更好的避开失败，离成功更近一步。从中华文化中，可以看到很多改革的失败，也有很多实验的失败，但是先辈们一直在坚持，从不气馁，这对于学生的体育教学有大的意义。现在的大学生是中国发展的基石，是中华文化在传承的中坚力量，体育教学改革是必要的，可以促进学生精神世界的提升，才能让学生感受到中华文化的魅力，才能让中华文化在高职院校的体育教学中得到传承。

高等职业院校在体育教学推动文化传承的实践中，要强化校园内的文化氛围，让学生时刻都在文化的熏陶之中。高职院校在体育教学改革中应大胆创新，将体育教学与文化进行有机的融合，拓展体育文化的精神内涵，让学生在体育课程学习中，使自己的身心素养得到提高的同时，对社会的了解也要更加深刻，在学习的过程中认知自我，最重要的是对文化的传承。

第三节　新型体育教学模式的构建和运用

一、高校体育互动教学模式的构建

"为了每一位大学生的发展"、"以人为本"是新课程发展的核心理念。在高校体育课堂教学中，教师的首要任务是要营造一个接纳的、支持性的、宽容的教学氛围，创设能引导大学生主动参与的教育环境，让他们在平等、尊重、信任、理解和宽容中受到鼓舞和激励，使他们的个性得到解放与张扬，情感得到丰富与发展，思想得以交流与提升。为此，日常工作中，营造出开放互动的高校体育教学氛围，具有非常重要的现实意义。

（一）转变高校体育教学观念

（1）由单纯生物目标向全面发展目标观念转变。人的全面发展是指在身体、智力、品德、审美和技能（特别是运动技能）的形成和发展。在传统观念里，高校体育教学的目标被看作使学生通过身体练习掌握运动技术，提高身体素质，即只是从促进人的机体的各组织系统的发育及机能的增长的单纯生物方面发展，而忽视了其他各方面的发展。因此，在高校体育教学中应充分体现体育教学的教育性，根据教学内容的特点，通过教与学的双边活动，对学生进行激发、诱导和感染，运用现代的教学思想和教学形式、方法，培养学生意志品质、个性等，通过优美的示范及音像教学片的欣赏，使学生对内在的美有深刻的体会，在知、情、意、美、行上全面发展，达到教学目的和目标。

（2）教学形式多样化，由讲授转为引导。学生是学习的主体，能否调动学生学习的积极性是教学成功与失败的关键。因此，在学校体育教学形式上教师应打破过去那种注入式、照本宣科的讲授形式。教学形式要多样化，对学生要善于引导，给他们自己锻炼的机会，通过"导学"、"导练"、"导规"等方法引导学生的体育学习方向，改变教学中"我要学生练"的教师强制和"教师要我练"的学生为客体的被动倾向，形成学生"我要练"的主动体育。

无论是掌握知识还是发展智能，除了需要外因——教师的有效指导外，更要通过内因——学生的积极思维才能实现。教学中教师的引导作用不仅要体现在教学活动中，更应体现在如何调动学生学习的积极性和培养学生思维能力上，要给学生提供更多的时间来思考和练习。传统的教学以课堂为中心，教材、进度、方法同一模式，把教学活动拘泥于狭小的天地里，学用脱节，不利于培养学生的主动性、创造性。因此，要扩大教学领域，积极开展第二课堂建设，使之成为教学内容的一部分，利用第二课堂组织各种形式的锻炼小组，开展各种课外竞赛活动，并逐步走向社会。

（二）和谐的氛围是互动教学的基石

和谐的气氛并不意味着不要上课的严肃性，而是建立在有组织性、纪律性的课堂基础之上的，更好地完成教学任务取决于和谐的氛围。因此，努力创造一个和谐的课堂氛围，使学生更好地感觉每节体育课都很舒服。一个良好的师生关系，建立和谐的前提下，创造一个良好的课堂气氛。教育心理学研究表明："不断发生着微妙的情感交流的教师和学生之间，学生的情绪是伴随着整个教育的各个阶段。"教师在教学过程中的言谈举止将直接影响课堂气氛的和谐程度。哪怕一个新的动作或练习动作失败的学生，老师必须用温柔的眼神，鼓励的言语，鼓励他们，帮助他们，让他们找到自己的优点，帮助他们树立自信心，提高学生的满意度，以提高其教育计划，增强学生学习的信心。

（三）构建民主、平等、和谐的师生关系

在教学中，教师和学生是构成课堂环境的重要因素，是构成课堂活动的主体。教学活动中的人际关系主要有两种：一是师生关系，二是生生关系。教学过程就是一种人际交往活动的互动过程，在师生展开交往的过程中，交往的双方都是具有独立道德的自由主体。学生是主体，是教学活动的参与者，与教师配合进行教学活动的参与者，学生是平等的一方。而教师在教学中不仅是"所有课堂参与者之间以及这些参与者与教学内容之间各种活动的促进者"，他还是教学过程的组织者、引导者、参与者、评价者、服务者。因此，师生双方是在道德平等的基础上合作，共同以主人的身份来完成教学。这样就把大学生群体真正纳入到一种民主、平等、理解、双向的师生关系中。在这种关系中，大学生可以积极地参与教学活动，也在教师的尊重、信任中全面发展自我、获得成就与价值的体验，并感受道德的自主和尊严，感受到心灵成长的愉悦。因此，在教学交往中，体育教师要积极的创设这种民主平等的师生交往和生生交往情境，使大学生更多地体验到平等、自由、民主、尊重、信任、友善、宽容、理解、亲情和友爱，同时受到鼓舞、感动、激励、鞭策，得到指导和建议，从而形成健康、积极、丰富、向上的情感体验、人生态度和价值观。

（四）实现大学生的主体地位

创新能使人快乐，求美能使人愉悦。体育教师要特别重视培养大学生自己科学设计组织练习的能力，在课堂教学中要给打学生一个自由选择的余地，鼓励他们利用以有的体育知识去解决实际的问题，鼓励他们大胆探索，勇于实践。随着打学生知识、技能和身体素质的不断增长，他们独立学习的能力、分析问题、解决问题的能力较之以往有很大的提高。因此，在新课改精神指导下，要实现大学生的主体地位。让大学生参考教材或用教师提供的练习方法进行练习，也可以自己设计练习形式和方法，充分发挥他们的主观能动性，诱导和启发打学生积极参与教学活动，体现以学生为主体，教师为指导的教学思想，这样不仅可以满足大学生渴望自由运动的要求，而且可以充分发挥他们的想象力和创新能力，在这种诱发力的推动下就会形成"情景—教师—学生"多项折射的和谐气氛，使他们，乐学、愿学、会学，达到自我实现的目的。

（五）在分层教学中要开展形式多样的体育教学方法

在制定了不同的体育教学目标和可供选择的体育教学内容以后，必须要采用合理的教学方法才能把教学内容传递给学生。不同的教学方法的选择，主要依据学生个性差异，不同的学生拥有不同的个性，因此也拥有不同的世界观和人生观。所以同一种教学方法并不一定能适用所有学生。在体育教学中应该综合运用多种的教学方法和手段，对有的学生可能动作示范要多一些，而对另一些学生讲解要多些。只有根据不同学生的差异，采取不同的教学方法才能达到事半功倍的效果。这对体育目标的实现，对学生体育知识的提高都是很重要的。而且，只有这样才能让学生不害怕上体育课，才能让学生对体育课产生兴趣。实际上，不同教学方法的选择，也是对学生主体性的肯定，只有尊重学生的差异，正视学生的差异，并且对学生的差异采取行之有效的教学方法才能够使学生的个性得到发展，这同样也是教育公平的要求。对学生形成终身体育观念也是有重要作用的。

（六）在体育课堂教学中教师还应注意以下几方面的问题

（1）确保学生的时间和空间。在教学过程中，我们经常会遇到教师或学生提出的问题，如果为赶时间急着让几个突出生回答，就会剥夺大部分学生思考的时间，使他们参与教学活动的积极性、主动性受挫。在教学中，应给予大部分学生足够的思考、合作时间，重视生生互动，只有保证合作的时间，学生才有机会进行互相切磋、共同提高，学生的主体性才能得到体现，学生才会产生求知欲望，把学习当作乐趣，最终进入学会、会学和乐学的境界。只有保证合作的时间和空间，才能保证合作的质量，真正体现合作学习的作用。

（2）必须重视教师的"导互动教学要求学生摆脱对教师的依赖，独立开展学习活动，自行解决现有发展区的问题。但它不能离开教师的指导，不能一谈互动学习，就忽视教师的指导作用。对学生进行学习目的性的超前教育，学习兴趣、学习目标的超前诱导，学习习惯的超前培养。教师的指导要有针对性必须根据学生学习中提出和存在的问题进行教学。要以学导教，确定导学导练的重点，把学生提出的有价值的，体现教材重点、难点的问题，加以梳理，形成几个重点问题，引导学生在学、思、议的过程中逐一加以解决。教学中，只有充分发挥学生的主体作用，大胆放手让学生自主学习，又重视了教师的导，学生才会爱学、乐学、会学，真正学会学习。

（3）提供自主学习的环境。教师在体育课中要适时地、有计划地安排一定的自主学习的时间，要给学生有选择的权力和尽可能多的选择余地，允许学生自由练习与思考，允许学生标新立异。切忌用集体的目标和方法取代学生个体对目标和方法的选择，应倡导每个学生从自己的实际出发，依据集体的目标来确定其个体目标和选择方法。如"踏石过河"游戏，教师只需规定条件，三块石头；提出要求：安全快速过河。至于采用何种方法，哪种方式，由学生自己去实践去决定。要允许学生自由选择学习伙伴，学生自己找的伙伴，大家之间志趣相投，关系密切，能互相容忍，可以促进学生自发、自主的学习。

无论何种教学方法都要以提高教学质量，增强学生体质，更好的促进学生的身心健康为主要发展方向。互动教学是一种更注重学生心理环境，更民主，更自由平等的教学方法，它对教师的教育理念、素质、教学水平均提出了更要、更严格的要求，不是一种简单的提问与回答，而是通过多种互动方式从本质上激活学生思路，讲究技术与艺术的一种教学理念。格的重要特征。幽默的教学方式方法能活跃课堂气氛，增加同学们的学习热情，收到更好的教学效果，也能更好地设计和实施互动。

二、合作学习模式在高校体育舞蹈教学中的运用

高校教育越来越注重学生综合素质的发展，提高学生身体素质成为很多高校重点改革的目标。高校体育课程作为提高学生身体素质的重要途径之一，必须引起重视，很多学生对体育教育的现有课程不感兴趣，而体育舞蹈的加入大大激发了学生学习的积极性，传统的教学模式也已经不能适应当前时代的发展，合作学习模式应运而生。

（一）合作学习模式在体育舞蹈教学中的应用

体育舞蹈也称国际标准舞，是一项体育运动，也是一项新型的高校体育教学内容。在体育舞蹈的教学过程中应用合作学习模式具有重要意义。合作学习主要是指通过合作，互相帮助、共同提高等方式进行学习，比传统的教学方式更加具有趣味性，在体育舞蹈教学的应用中可以获得更难忘的学习体验。第一，体育舞蹈常常需要很多学生合作完成，这就考验了每个人的熟练程度和配合默契；第二，在训练和学习中大家相互交流指导，共同探讨琢磨，这不仅提高了同学的团队合作能力，更是为今后同学们

步入社会打下了一定的基础。

体育教学运用合作学习模式，学生被分成若干小组，每个学生都要保证参与度，让学生自主认识到自己的重要性，即让学生认识到自己是团体的一份子，自己的每个表现都会影响到其他小组成员的成绩。每个学生都要意识到自己的责任，主动对团队负责，对于老师教授的每一个体育舞蹈动作都抱着谨慎的态度认真学习，每个动作都保证它的完成质量。每一位成员认真履行自己的学习任务，还要共同学习必要的理论知识，通过合作交流，互相探讨来提高的自己学习质量。在合作学习的过程中每个同学必须树立合作意识，在一个团体中，每个同学都要互帮互助，在学习中遇到困难时也可以向小组其他成员请求帮助，请求他人给予指导。小组成员之间要相互指点，互提意见，共同进步，每个成员都要秉持三人行必有我师的态度，善于向他人学习，找到正确的学习方法，达到体育舞蹈的美和协调等要求。通过合作式学习，每个小组成员之间可以取长补短，快速找到自己在学习过程中的问题所在，并且让问题得到及时纠正，为今后更深入的学习体育舞蹈做准备。

（二）合作学习模式在体育舞蹈教学过程中遇到的问题

1. 学生缺少合作意识

学生步入大学校园后追求个性发展，缺少合作学习的意识与积极性，将学生分配到各自的小组后，真正参与到小组活动的学生很少，绝大多数的学生在完成教师布置的学习任务时倾向于自主学习。除非一些必须由小组合作的舞蹈动作需要完成时才会选择合作，并且在整个学习的过程中交流互动很少，在体育舞蹈的学习过程中小组存在的意义不大，自然教学成果也就不甚理想。例如华尔兹舞蹈学习的过程中，需要两个人一组，每组一男一女，男女舞步不同，华尔兹的学习需要男女配合完成，男生女生之间也要通过交流合作提高默契，除了首先掌握必要的理论知识，找到正确的学习方法，正确掌握每个舞蹈动作的要领。可是现实的情况却是，学生往往是局限于两个人之间的交流探讨，很少是每个成员都参与进来的全组讨论，这大大影响了同学们的学习效果。

2. 合作教学模式本身存在的不足

教师将学生分组后往往要求小组合作共同完成学习任务，分组没有依据，常以简单容易执行为原则，最多只是依据平时对学生学习程度的大致了解，尽量做到将不同程度的、可以相互学习借鉴或者关系较好的几个同学分配到一组，但是在现实的操作过程中，男女两两一组都很难做到，因为不同院系专业男女比例不同。在教学实践中，工科，理科类专业女生紧缺，语言类专业中女生多但男生又很少，这就给实践中男女分组带来了很大的难度，很容易产生男生补全女生的位置或者女生补全男生位置的情况。

（三）改进合作学习模式实际应用的措施

1. 形成合理的合作模式

小组的构建要合理。一般的课堂分组人数要适当，不宜过多或过少，4 到 6 人较为合适，合理的人数设置可以使得每个成员都有表达的机会，意见分歧也不会过多。而体育舞蹈的分组一般是两个人，两人一组保障了排练能够有效进行而不用顾虑太多人的空闲时间。另外，分组的方式也要合理。个人意愿作为最重要的考虑条件之一，其他条件作为调整的考虑因素，老师教学和验收成果时最好以小组为单位，而且最好保证不同小组间有着相似的水平，这样有利于组内学习和组外的相互借鉴。最后，合作模式的构建必须注意它的可实现性。在教学过程中，教授要认真耐心，给学生留下的练习时间也要足够，制定详细的评价标准和最终目标，并且保证定期指导和抽查。

2. 改变学生的观念意识

通过宣传教育从意识上改变学生对传统观念的认知，提高课堂效率，注重方法的传授。体育舞蹈的难度相对于普通体育项目难度较大，首先要求学生掌握必要的理论知识，其次要求学生的身体协调能力，最终达到提高学生综合能力的目的。学习过程要求他人配合，最好有小组之间的交流讨论，仅仅靠课堂的时长，学生不能够完美掌握体育舞蹈的技巧，所以小组的配合学习将发挥很大作用，以实现最好的教学成果。首先需要让学生认识到小组合作学习的重要性，并积极参与到小组学习当中，引导学生看到小组合作的优越性。其次如何合作学习需要教师的指导，学生之间相互熟络需要一定的时间，不敢交流不会交流容易影响学习质量。教师要作为媒介让学生尽快互相认识，分组后能够讨论合作，引导学生认识到，小组之间也并非竞争关系，而是相互学习借鉴的伙伴关系。

体育舞蹈具有美感和趣味性，在提高学生的身体素质的同时也使学生获得身心的愉悦，更能舒缓大学生情绪，适当减轻学生压力。在合作学习这一模式的实践中，在新模式应用的同时，也要配合传统教学模式，注重基本功教学。在体育教学方面形成一套完善的合作学习模式，对其他学科来说也相当有借鉴价值。

三、分层施教模式在高校体育教学中的运用

为更好地贯彻素质教育的发展要求，保障每个学生的综合全面的发展，在高校的体育教学中有必要采用分层教学法，因材施教，提升学生的身体素质，发挥学生的主体作用。本文阐述了分层施教模式的概念，并在比基础上对分层施教模式在高校体育教学中运用进行了研究。

（一）分层教学的概念

学生的智力水平、理解水平、接受程度、心理素质等存在着差异，采用"一刀切"的教学模式，素质水平高的学生得不到更好的提高和发展，素质水平较低的学生也不能有效地掌握所学的知识。分层教学法是针对学生的差异水平，对学生进行分组，教师根据每组学生的具体情况，有针对性地实施教学，从而达到不同层次教学目标的一种教学方法。分层教学法分为以下4个环节。（1）学生编组。学生编组是实施分层教学的基础，根据学生的基础水平、接受程度、心理素质等，将学生进行编组，一组是按大纲的基础内容进行教学，一组是按略高于大纲的基本要求进行教学，一组是按较高的要求进行教学。当然，分组要根据学生的学习程度、理解程度等随时进行调整与变化。（2）分层备课。分层备课是实施分层教学的前提。教师要对教材的大纲与内容进行深入地学习与研究，并归纳哪些是需要掌握的基本内容、哪些是略高于大纲基本要求的、哪些是较高的学习要求和内容，从而更有针对性地进行教学。教师要根据学生层次的划分把握好授课的起点，处理好知识的衔接过程，减少教学的坡度，让所有学生都能学习、都会学习。（3）分层授课。分层授课是实施分层教学的中心环节。教师要以学生为主体，根据学生层次的划分把握好教学内容，保证分层教学目标的实现。（4）分类指导。分类指导是实施分层教学的关键。教师在教学过程中要因材施教，根据每个层次学生不同的素质水平采取不同的指导方法，促进学生进步，使学生由低层次向高层次转化，从而达到整体优化的目标。

（二）分层施教模式应用于高校体育教学中的意义

1. 有利于学生个人素质的发展

高校体育教学中，教师采用的是传统的"一言堂"的教学模式，所有学生的教学目标相同，素质较高的学生轻松地完成了教学内容，剩余时间或休息或自己进行更高要求的训练，由于没有教师科学合理的指导，学生提高较慢；而素质较低的学生，接受过程较慢，训练起来也较为困难，在短时间内也很难完成教学目标。分层施教，根据学生的层次不同，采取不同的教学目标与教学任务，有针对性地对学生进行指导，素质较高的学生得到更大的提升，素质较低的学生也能够完成教学内容与要求，实现学生的个体差异化发展，促进学生身体素质的提升，推进高校体育教学的改革与进步。

2. 有利于提升教师的专业素质水平

高校传统的体育教学中，每节课教师采用的是都是一种教学方法、一样的教学目标，教师的专业素质水平也得不到提升。分层施教模式要求教师根据学生层次水平，采取不同的教学目标、教学内容及教学方法，这就要求教师要深挖教材，并根据教学目标的不同，灵活地安排不同层次的教学策略。这给教师的教学任务带来了新的挑战和压力，极大地锻炼了教师的组织调控和随机应变能力，增强了教师的专业素养，提升了教师的专业素质水平，促进了教师个人能力的进一步提升。

3. 有利于学生积极性的调动

高校传统的体育教学中，教师对体育教学内容"一对多"进行讲解，学生进行练习提升。传统的体育教学模式单调、枯燥。素质较高的学生很快掌握了所学内容，剩下的时间或休息或进行其他的体育项目，素质低的学生由于难以掌握所学内容，缺乏合理的指导，自信心受挫，逐渐对体育运动失去了兴趣。这很不利于学生身体素质的提升，也不利于学生培养终身体育的理念。分层施教模式根据学生水平的不同进行分组教学，学生得到了有针对性的指导，较快地掌握了所学内容，增强了学生的自信心，调动了学生的积极性，学生更主动地参与到体育运动中来，提升了学生的身体素质，促进了学生的全面发展。

4. 充分发挥了学生的主体作用

传统的体育教学中，教师为主导，学生按照教师的要求对体育项目进行练习，师生之间、学生之间沟通较少，学生只是一味地进行体育项目的练习，很少发挥自己的主观能动性。分层教学模式，教师要根据学生的分组情况采取不同的教学目标及教学内容，教师也可与学生进行沟通，让学生参与到教学内容的制定中来，学生根据自己的实际情况，采取相应的目标及内容，培养学生独立思考的能力和探索问题的创造精神，充分发挥学生的主体作用，调动学生的积极性，培养学生终身体育的意识，促进学生综合素质的发展。

5. 有利于建立良好的师生关系

高校传统体育教学中，学生只是被动地按照教师的要求进行练习，师生之间沟通较少，学生对教师也是敬而远之。分层施教模式教师要鼓励学生根据自身的实际情况，探索适合自己的锻炼内容与目标，学生与教师之间正面交流增多，有利于建立良好的师生关系，拉近师生的关系，创造和谐的课堂气氛，从而更好地提升学生的身体素质，促进高校体育教学事业的改革与发展。

（三）分层施教模式在高校体育教学中的运用

1. 充分了解学生的体育水平，进行合理分层

高校在实施分层教学过程中，教师要对每名学生的资料进行研究分析，了解学生的个人身体素质、体育素质、兴趣爱好、性格特征等，与学生进行面谈沟通，并通过体育素质摸底考察等，充分了解每个学生的身体素质水平，并结合学生的实际情况进行科学合理的分组。教师可根据学生的个体差异，将学生分为3组，一组为体育素质水平较高的学生，一组为体育素质水平中等的学生，一组为体育素质水平较差的学生，并根据每组学生的个体差异，制定与之相适应的教学目标、教学内容等。

2. 制定科学的分层目标、分层内容及分层作业

实施分层教学模式后，高校要摒弃传统的"一刀切"的教学模式，要根据每组学生的实际情况，制定科学合理的教学目标、教学内容及作业等。对于体育素质水平较高的学生，要制定更高的教学目标，除完成基本的教学内容外，还可以拓展其他技能，使其得到优化，布置作业时主要以所学技术的实践应用为主；对于体育素质水平中等的学生，以更好地掌握教学内容为目标，布置作业时以熟练掌握所学技能为主；对于体育素质水平较差的学生，以掌握基本的教学内容为目标，布置作业也已掌握所学技

能为主，同时也要鼓励低层次的学生，熟练掌握所学技能，并向高层次努力。这样实现了差异化教学，增强了学生的自信心，提升了学生的身体素质，促进了学生综合全面的发展。

3. 实施评价分层，建立以促进全面发展的综合评价目标

分层施教模式由于教学目标及教学内容的分层，学生评价也应当实施分层。评价结果可根据学生的考勤情况、体育技能的提升情况、参加锻炼情况等得出。不同层次的学生教学目标及内容不同，对学生评价应注重学生不同程度的进步与学生不同的体育素质的提高，教师应当重点关注学生的努力，满足学生的心理需要，增强学生的自信心，进行科学合理的评价，以促进学生全面发展为评价目标，调动学生的积极性，培养学生的体育热情。

4. 高校实施分层教学时，应采用多样化的教学模式

高校在实施分层教学时，应充分发挥学生的主体作用，让学生参与到教学目标及教学内容的制定中来，培养学生独立思考的能力及探索问题的创新精神，学生结合自己的实际情况，制定与之相适应的教学内容，发挥了学生的主观能动性，调动了学生锻炼学习的积极性，增强了学生的体育兴趣。采用多样化的教学模式，能够激发学生的参与体育运动的动机，有利于分层施教的正常开展，提升学生的身体素质，促进学生的全面发展，也有利于实现素质教育的目标。

5. 分层施教时，要及时调整分层的教育状态

高校体育教学在实施分层施教时，学生的体育素质水平得到了不同程度的提高。学生存在着个体的差异，有的学生提高较快，有的学生提高较慢，这就导致了同一组的学生出现了体育素质水平差距较大的现象。教师要勤于观察、善于发现，并对分层情况及时进行调整，以便更好地促进学生的发展，充分发挥学生的潜能，使学生得到更好的优化，从而培养学生的体育兴趣，提高学生的身体素质水平，促进学生全面综合的发展。

6. 分层施教时，要加强学生的心理疏导

分层施教是根据学生的层次水平的不同进行分组，这并不等同于传统的优良差生的区分，只是换种方式使自己得到更好的提升与进步，形式上不存在优劣之分。但受传统观念的影响，低层次的学生易产生自卑心理，认为自己不如别人，从而失去体育

锻炼的热情。因此，教师要加强对学生的心理疏导，强调学生的进步是评价的标准，增强学生的自信心，调动学生的积极性，让学生快乐地参与到体育锻炼中来。

分层施教是实现我国素质教育目标的重要手段。高校体育教学实施分层教学法有利于学生个人素质的发展、提升教师的专业素质水平、调动学生的积极性、发挥学生的主体作用、建立良好的师生关系等。因此，高校的体育教学应普及发展分层教学法。应充分了解学生的体育水平，进行合理的分层；制定科学的分层目标、分层内容及分层作业；实施评价分层，建立以促进全面发展的综合评价目标；采用多样化的教学模式；及时调整分层的教育状态；加强学生的心理疏导，从而能够更好地促进学生的综合全面发展，推动我国体育教学事业的改革与进步。

四、高校体育教学中"协同教学"模式的运用

在传统的教学中，教师只能按照大多数学生看法和特点进行整体教学，对于班级中的一些体质较差的学生教师很多时候不能全面的顾及到。这样的教学方式就会让学生的成绩造成参差不齐的效果。通过新型教学的模式引进，让学生认识到自身的不足，看到他人身上的闪光点，进而实行相互学习，取长补短的学习方式，全方面加强学生的学习效果，进而可以更好的提高高校学生的学习成绩和学校效果，进一步加强学生的身体素质。

（一）协同教学的含义和特点

1. 协同教学的内在含义

协同教学，顾名思义就是指由两个或两个以上的教师及教学辅助人员以一种专业关系，组成教学团队，彼此分工合作，共同策划和执行某一单元、某一领域或主体教学活动的一种教学形式。利用这种新型的教学方式，可以大程度的解决体育课堂中学生体育成绩参差不齐的问题，让学生与学生、学生与教师之间可以进行合作式学习，进而发挥"协同教学"在体育课堂中的重要作用。

2. 协同教学在体育教学中的运用特点

在传统的教学课堂中，很多教师都使用传统的教学方式来教育学生。很多时候，大都进行整体的体育教学。这样的教学方式便会导致班级中一些体能较差的学生体育

成绩不理想，一定程度上降低了学生对体育教学的学习兴趣。在现阶段的高校体育教学中，教师大力引进"协同教学"的方式来进行教育学生。让学生与教师之间可以进行良好的互动。而教师在教学的过程中也要深入了解每位学生的体育状况和身体素质，进而根据学生的特点进行因材施教。协同教学重要的方式就是打破了传统中单调的教学方法，利用教师和学生的体育特点进行合理的小组"协作教学"，进而充分发挥高校学生的团队精神。

（二）高校体育教学中"协同教学"模式的运用

1. 教学团队的组建

"协同教学"的主要方式在于教学团队的组建，在实行这个教学的过程中团队的组建就是教学的重要部分。在现阶段的高效性体育教学中大力引进"协同教学"的教学模式，就可以一定程度上改变现阶段课堂中存在的问题。在教学的过程中教师主要培养学生自主学习的方式，让学生在自主学习的过程中可以充分发挥自己的思维方式，因此教师在教学的过程中要建立一个良好的教学团队。教师在建立团队的过程中要将体育兴趣爱好相同的学生分配到一个团队中进行自主学习。例如：教师在进行组建团队的过程中可以将喜欢打篮球的男生组建到一个篮球队中，根据男生们的兴趣爱好和体育能力来进行合理的分组，然后教师便可以将女生组建成一个啦啦队，为男生进行加油打气。这样的教学方式便可以一定程度上顾全大多数的学生。教师在进行分配成员的时候不能只单方面考虑学生们兴趣，同时成员的优势和劣势互补也是教师应该看重的一点。

2. 共同制定计划并协作实施

在制定计划的过程中，不仅需要教师与学生之间的相互合作，而且还需要几位体育教师的共同参与。从教师到学生每个成员都可以发表自己的观点，主要探讨的观点在于：学生的需求评估、学生的目标设计和教学方法设计等几个方面，对于团队成员中每个角色、每个任务教师都要进行一系列的相互探讨，找出合适的方式进行整体设计教学内容。无论是教学内容，还是教学方式，都是有教师和学生进行一同创新，共同开展，在做出计划之后教师和学生便要进行计划的实施。

3. 持续的沟通和反馈

在进行教学的过程中，教师与学生要根据"协同教学"的方式进行不断的实践、不断的进行沟通。确保每个成员都可以慢慢的接受这种新型的教学方式。在进行教学方式中一旦出现问题，教师便要对教学方式及时作出修整，妥善的处理好教师与学生之间的关系，进而引导教师做出正确的教学决策［3］。在进行"协同教学"中，学生和教师都要对教学效果进行及时的反馈，以免在教学过程中出现一些教学问题，导致学生不能更好的进行体育锻炼。

综上所述，随着教学方式的不断改革，传统的体育教学方式已经无法满足当代高校学生的学习需要。因此，在现阶段的高校体育教学中，教师要把握好教学的方法，在体育课堂中大力引进新型的教学方式"协同教学"。对于高校学生来说，很多学生为了日后可以找到一个好工作，大多时候将学习重点放在专业知识的学习上。这就会在一定程度上降低学生的身体素质，学生一味的在课堂中进行学习，没有进行体育运动，时间长了学生的身体素质就会一定程度上慢慢降低。因此，教师在教学的过程中一定要转变学生的这种理念，让学生可以走出教室、走进操场进行一系列的体育运动，教师也要找到正确的教学方式，进而为社会培养更多的高素质人才。

五、"互联网+"视域下混合学习模式在高校体育教学中的运用

通过调查了解到，现阶段混合式学习模式尽管在高校体育教学中逐步实施，但在实践过程中，还有诸多问题存在。需要教师在今后的工作实践中，不断探索混合式学习模式的运用方法。教师应与体育教学内容相结合，合理分析和研究学生自身的特点和学习水平，开展有针对性的教学。通过现代化教学技术的积极运用，进一步提高学生的体育水平，对学生未来的发展，发挥积极的推动作用。

（一）高校体育教学中的"互联网+"影响

1. 从封闭走向开放：对体育教学生态的冲击

传统的教学活动是在学校这个封闭的空间开展的，在学校这个实体之上开展的对教育的认知。"互联网+"将传统学校教育模式打破，并由此催生了可汗学院、慕课等新兴的网络课程，将更加优质的教育服务为广大师生提供。"互联网+"下的教育是一种开放式教学，既融合现实与虚拟，线上与线下。因为改变了教育形态，因而改变了教学生态。体育教学在互联网支持下，打破了"在场有效性"的壁垒。学生们通过网

络，能对体育经验进行分享，对体育技能进行学习，体育教学活动开始实现了"课内外一体化"。而不断变化的教学环境，对教学生态系统中的其他要素产生了不同程度的影响，由此使学生具有更加多元化的获取知识的渠道，同时也有着更加丰富的学习内容，师生的交流方式从面对面变为线上交互并存。

2. 从单一走向多元：对体育学习方式的冲击

传统模式下，课堂为主要的学习地点，学生模仿教师的过程，也是体育教学的过程。而"互联网+"将这种限制突破，因为拥有便捷和丰富的网络资源，学生获取知识的渠道，不再是教师传授。学生的体育学习可以不受时空的限制，既可以在课堂上，还可以在网络上，随时随地的展开学习。由此使学生的学习行为、学习方式发生变化。随着迅猛发展的泛在计算技术和移动计算技术，还有一批新型的创新学习方式衍生出来。尤其是全面覆盖的无线网络和广泛普及的以手机为代表的移动终端设备，能帮助大学生快速获取知识。

3. 从灌输走向互动：对体育教学方式的冲击

在传统的体育教学中，教师拥有绝对的权威，是知识的主要传递者。而学生作为客体，只能被动的接受知识，教学采用灌输式。互联网时代的到来，开始向社会公众开放海量的信息资源。教师不再是知识唯一拥有者，互联网将教师的知识垄断打破。"教"不再是"学"唯一渠道，学生由知识的被动接受者向主动建构者转变。教学重心由"重教"向"重学"转变，并且由教师灌输师生互动转变，并由此建构了一种新的教学模式。

（二）"互联网+"背景下高校体育教学应用混合学习模式的意义

1. 增强学生的体质，促进学生个性化发展

混合学习模式是指通过融合网络与实际教学，将正确的运动观念向学生灌输，在增强学生身体素质的同时，还能使学生具备良好的道德素质和心理素质，最终提升自身的综合素质，学生可与自身的兴趣与爱好相结合，通过应用混合式教学模式，对体育知识有选择的学习，促进学生个性化发展。

2. 推动体育教学的深入开展

混合学习模式主要是有机的融合"线上"教学模式与"线下"教学模式。新形势

下，高校的教育目标就是立德树人。为此实施混合学习模式，通过结合线上与线下，理论与实践，学生的自主学习和课堂教学，对体育教学机制不断完善，由此对深入开展体育教学，发挥积极地推动作用。

（三）"互联网+"背景下高校体育教学应用混合学习模式存在的问题

（1）重视程度不够。尽管目前大部分高校都对混合式学习模式进行了运用，但却没有得到管理人员的高度重视。在其资源、人力和物力方面，不愿投入太多，所以导致混合式教学模式物质基础的匮乏。

（2）缺乏健全的应用机制。为了更好的运用混合学习模式，必须对现有的应用机制进行改善。现阶段一些高校混合学习模式的机制尚未建立起来，使之具有较差的应用效果。究其原因，一些教师并没有掌握混合式教学的运用方法，不能有效落实混合式教学模式，使之更多停留在书面上。

（3）缺乏完善的融合体系。为了提高高校体育教学质量，就必须要将"线上"与"线下"教育的协同作用充分发挥出来。而纵观现阶段高校的应用现状，教师在教学过程中，未能紧密联线上与线下教学。在实施线上教学时，也没有对多媒体设备充分运用。同时也未能详细讲解部分重点问题，白白浪费了学校所投入的资源。另外，尽管有一些教师也在应用网络教学，但却未能进行及时的评价和正确的指导，没有及时搜集学生的反馈信息，使教育部门不能及时完善教学体系。

（四）"互联网+"背景下高校体育教学有效应用混合学习模式的策略

1. 创新混合学习理念

行动的先导，就是理念，新形势下，人们越来越重视"互联网+教育"模式，高校体育教学步入了新的发展阶段，而如何创新和改革混合式教学模式，是目前亟待解决的重要课题。需要高校在开展体育教学的过程中，在教学体系中，纳入混合式教学模式。因为混合式学习模式的系统性极强，所以在具体的实施过程中，需要不断创新混合式学习理念，将其作为重要的战备性举措，助推高校体育教学改革的发展。为此，学校要加大投入力度，完善相关硬件和软件设施建设。同时，为了更好的应用和推广混合式教学模式，积极引导教师加强研究和学习。通过混合式教学模式的运用，促进学生的全面发展。同时，高校体育教学中还应打造一支高素质的教学队伍，能对混合式学习平台熟练掌握和运用。在体育教学中，帮助学生运用移动终端，对相关知识进行学习。

2. 打造混合学习平台

对"互联网+"平台的有效运用，是开展混合教学模式的前提和基础，由此才能使混合式教学取得良好的成效。首先，在具体的应用过程中，高校可对相应与"互联网+"相关的"线上"学习平台、APP 平台、网络平台进行构建，使之更加系统和完善。其次，还要对混合学习平台的创新性建设高度重视，深入调查和分析学生的学习需求，与学生的实际情况相结合，紧密结合混合式学习模式。不断创新教学方法。作为一种新兴的教学模式，在教学过程中，运用混合式教学，围绕教学内容，在短时间内，通过信息化技术手段的运用，组织和开展一系列教学活动。教师还可利用信息化这个载体，围绕教学中的某个知识点或某个环节，在实际教学过程中，创建情景化的教学模式，最终促进教学目标的实现。同时，教师在教学过程中，还可运用慕课的教学方式，为学生的学习提高便利，以不断提高学生的体育水平。

3. 完善混合学习体系

首先，确保混合学习取得良好的成效重要保障，就是对混合学习体系的健全和完善。在实施高校体育教学混合学习模式的过程中，需要对混合学习体系建设高度重视，使之向着持续化和规范化的轨道发展。为此，需要将"线上"与"线下"的关系处理好，高度融合互联网与传统的课堂教学。对于"线上"学习而言，需要对理论教学高度重视；将混合学习的多元化支撑功能充分发挥出来。其次，高校要加大力度，切实研究混合学习模式，并且要构建相应的教学制度，能有效延伸和拓展已经取得良好成效的混合式教学模式。最后，教师在运用的过程中，也要不断创新自身的教学体系。例如，通过有效融合混合式学习模式与微课教学、多媒体教学，形成更具有针对性的教学体系。例如，教师可以通过录制微课视频，汇集一些重点和难点问题，学生通过线上方式自主学习，能使学习成效达到最佳。

近年来，混合式教学模式的运用越来越广泛，但同时也暴露出很多需要解决的问题。为此，需要高校持之以恒的探索和实践，营造良好的环境，为混合式教学的实施提供保障。同时，教师还应不断加强自身的学习，对教学战略深入研究，转变传统的教育理念，提升对混合式教学模式的重视程度。不断完善和创新混合式教学模式，实现与现代化高校体育教学的无缝对接，由此对"互联网+教育"高校体育教育事业的发展，奠定牢固的基础。

六、多元化教学模式在高校体育篮球教学中的运用

篮球作为大众所热爱的基础性体育运动之一，能够通过篮球运动对人的身体素质进行锻炼使人的心理更加的健康。在素质教育背景下，高校不仅对学生的学习状况进行关注、对学生的身体素质和心理素质以及其他各方面的能力也越发的重视起来。这就需要高校体育老师根据各班的情况来展开教学，使学生的打篮球的技巧得到提高，能够更好的"玩转"篮球这项运动。篮球这项运动已经在我国发展了很多年，我国也涌现出了一批篮球健儿，如姚明，而且受我国应试教育的影响，很多的学生在竞争激烈的高考中熬夜学习、又缺乏锻炼过早的消耗了他们的身体。所以，等他们升入大学后很多大学生的身体素质便开始下降了，大学生是国家未来发展的储备力量，需要增加大学生的锻炼量来提高他们的身体素质。

（一）高校体育篮球教学中现存的问题分析

1. 教学形式单一，学生兴趣不足

在传统的篮球教学活动中教授篮球的老师的教学重点普遍偏重于篮球运动的技巧方面，一般是通过让学生重复性的模仿练习来对篮球运动的技巧进行掌握，老师在一旁对学生运球动作中出现的错误进行纠正，学生在课堂上需要花费很长的时间对这些技巧动作进行重复性的学习和锻炼，时间一长学生没有了原来的精神百倍，只剩下了疲惫学生的篮球运动效果自然就提不上上去、甚至出现下降的情况。

2. 需求难以匹配，学生被动接受

多元化的篮球教学模式能够让学生学习篮球的压力被有效的减轻，而且篮球运动具有很强的娱乐性、也是一种竞技性体育，能够在锻炼学生身体的同时对学生的精神进行愉悦，释放学生所受到的压力，帮助学生提高自身的身体素质。但是，就我国目前的篮球教育来说，很多高校的教学方式还是比较的单一、与院校学生的实际学习能力和学习需求并不相匹配，体育老师在篮球教学过程中并没有将对教学活动的指导落到实处，这就导致学生的需求与老师的教学指导难以对接，学生在篮球技巧学习的过

程中通常处于比较的被动的状态、这对学生养成终身锻炼的好习惯是非常不利的，也不利于篮球教学取得好的教学效果。

3. 评价体系匮乏，考评不够客观

科学合理的教学评价体系能够为促进学生全面性的发展，但是，现在大部分的高校篮球教学评价体系还是比较的片面，只在期中或者期末对学生的学习状况进行考评、然后依据学生的篮球成绩对学生的表现进行综合的判断。这与现代素质教学理念所提倡的客观公正、对学生的综合素质、专业能力以及他们的教学评价体系不健全的地方进行关注，否则会对高校篮球教学考评的真实性和全面性造成不利的影响，也不利于学生综合素质和篮球技能水平的提高。

4. 水平参差不齐，体能是共性问题

目前我国最高水平的高校篮球联赛是中国大学生男子篮球联赛（简称 CUBA），CUBA 自 1996 年创办至今，发展速度十分快，话题度和热度也日渐升高，尤其是去年暑期优酷推出网络综艺节目《这就是灌篮》后，众多 CUBA 球星组队参加，取得了不俗的成绩，使这个联赛的受关注程度不亚于我国男子篮球职业联赛。但是在一些 CU-BA 篮球比赛上，均不同程度上暴露出我国高校男篮队员体能水平不足的问题，这正极大的制约着我国篮球运动向更高水平的发展。且经研究发现高校内举办的院级篮球赛、专业间篮球赛及班级篮球赛，普遍存在体能不好，队员容易体力不支、产生肌肉痉挛、对抗后动作易变形等情况。因此，加强我国高校男子篮球代表队运动员、高校公共体育篮球课的体能训练，对提高我国篮球整体运动水平具有极其重要的作用。

（二）多元化教学模式在高校体育篮球教学中的运用方式

1. 树立正确的教学理念，发挥信息技术的优势

结合国家对大学生提出的体质健康标准，高校公共体育课中必须加强体能训练。高校体育教学的原则是以"健康第一"和"终身体育"的思想，高校体育课的目的在于增大学生的锻炼量、使学生的身体素质得到较好的锻炼，同时适度的体育锻炼也能帮助学生释放出心里的压力，让学生能够心情愉悦，心理素质得到有效的增强，帮助学生养成终身锻炼的意识，因此在篮球教学过程中需要老师树立正确的教学观念，让学生在学习好篮球技巧的同时感受到篮球这项运动所释放出的魅力，在生活学习过程

中保持积极乐观的心态。体育教学基本上都在户外或者室内篮球场上进行，但是，在教学过程中不妨将多媒体技术也应用到其中帮助学生营造良好的篮球技巧学习氛围。比如，在对三步上篮这项篮球技巧进行学习时就可以运用多媒体设备先对三步上篮的动作技巧、弹跳技巧理论上的讲解，让学生反复观看 NBA 等篮球赛事的上篮技巧，让学生在观看比赛的过程中对三步上篮这项技能进行掌握。

2. 尊重学生的个体差异，渗透团队合作的意识

学生在成长过程中由于家庭背景、生长环境、自身性格、智力、能力等多方面的因素会导致学生之间存在差异，在篮球教学过程中老师要尊重学生之间的差异，根据学生能力水平的不同因材施教，在教学过程中老师要注意和学生之间的互动交流，将每个学生学习篮球的潜力充分的挖掘出来。篮球是一项团体性活动，需要五名队员之间相互配合，要求团队之间具有很强的团队意识。因此老师可以将五个学生分为一组，通过小组之间切磋来培养学生的团队意识，进而将篮球的教学效率得以有效的提升。

3. 体育教育需求提高，课堂内容加速更迭

课改之后，体育课堂原本传统的"基本知识、基本技术、基本技能"的授课内容已经被摒弃，现在的体育课主要对学生的认知、心理情感和行为表现能够有所要求。不论今后的课程会有怎么样的改革趋势，高校的体育课都将受到体育事业其他方面越来越多的影响。随着我国经济实力、教育水平、综合国力的提升，现在的竞技体育中有许多专业的运动技能和训练方法能够被体育爱好者所模仿并掌握。与许多年前只能被专业运动员所掌握所不同，现在的高校体育课也在探索体能训练以及相关概念，普通的全日制本科生对个人的体能的训练需求也能够得到满足，因此高校体育教师更应该加速自己课堂内容的更迭。

4. 构建多元化评价体系，促进学生的全面发展

传统的考评体系考评结果比较的片面，因此需要构建多元化的考评体系对学生的素质进行综合性的评定，建立教评与学生自评相结合的考评体系，使学生能够对自身存在的不足之处以及自身所具备的不足之处都进行了解，帮助学生指明了篮球学习的方向，提高学生的篮球素养。

综上所述，篮球作为全民热爱的体育项目之一，为篮球教学的展开奠定了良好的基础，为了能够在篮球教学过程取得良好的教学效果需要不断的对篮球教学的方式进

行创新。同时，老师在教学过程中应当树立正确的体育教学观念，老师要注意学生和学生的身体素质、灵活度是不同的不能一概而论，要努力激发学生对篮球这项运动的兴趣，从而使高校篮球教学效率能够得到切实的提升，学生的身体素质和心理素质能够的有效的提升。

七、高校体育教学中俱乐部模式的引入和运用

大学生身体素质不高已经成为当下高校体育教学的最大障碍，甚至相关高强度的项目有的学生无法参加，这个现象也引起了社会的广泛关注，因此，高校体育改革的指导思想即为"健康第一"。在这个指导思想下，教学者需要鼓励、引导学生积极自主参加运动，增强体质。培养学生自主运动的习惯不是一朝一夕之功，根据这个目的，俱乐部模式的教学方式有其独特的探索意义。

（一）在当下高校中引入俱乐部教学模式的实施情况

1. 简介高校体育俱乐部教学模式

顾名思义，高校体育俱乐部教学模式即模拟俱乐部的形式，让学生在组织下按自己的意愿选择参加相关的体育运动项目。我国现阶段的俱乐部教学主要有 2 种形式，分别是课内教学、课外教学。其中，课内教学是指在正常教育教学时间内，教学者组织进行，即将这种模式运用到课堂教学中去，课外教学是指学生在课余时间，根据自己的意愿，或自主组织，或在学校以及相关学生社团的组织下进行自主锻炼，课内教学的最终目的是让学生对体育锻炼产生兴趣，从而积极自主的进行课外锻炼，同时，为课外锻炼打下良好的基础。现阶段的体育教学俱乐部模式已经取得了较为良好的教学成效，值得进行推广。

2. 体育俱乐部模式教学的积极作用

不同于传统的体育教学，俱乐部模式是从学生自己的兴趣以及意愿出发的，众所周知，高校的教学有更大的自主性，学生的学习也有更大的灵活性，传统教育教学模式的灵活性较差，学生往往在课堂上很难对运动产生兴趣，而今的俱乐部模式教学可以将相同兴趣的学生放在同一个班集体内，让在该项目中专业性较强的教师对他们进行统一指导。这样，相同爱好的学生之间很容易产生共同话题，班级内部运动氛围会

更加浓厚，从而加强学生的身体素质，让学生充分发挥其主观能动性。每个学生都有擅长的项目和不擅长的项目，这种教学模式在某个层面上来说也是因材施教，将学生加以分类，进行专项教学。除此之外，学校的硬件器材也难以满足每一位学生的需要，进行俱乐部教学模式可以在一定程度上减少学生使用器材的冲突，也方便器材管理者进行管理。

3. 俱乐部教学模式在实施过程中遇到的困难

俱乐部教学模式作为一种新的教育教学模式，其在起步阶段肯定会遇到各种问题，首要的问题就是师资力量，俱乐部教学模式需要教学者具有较高的专业素养以及专项运动项目的素质，而调查显示，多数高校的体育教学者整体年龄偏大，学历偏低，相关理论知识等还较为薄弱，教师擅长的专项项目大多集中于几个传统项目，如：田径、健美操、足球、篮球等等。专修羽毛球、排球、网球、定向运动的教学者相对来说数量较少。而这些教师还会因为硬件器材跟不上而难以开展正常的教学活动。其次，是学生思想观念以及接受教育模式上的阻碍，在多年的应试教育下，大多数高校学生仍然保留着学习是为了考试的观念，在这种观念下，要让学生迈开腿、走出去进行锻炼是较为困难的，在没有考试的压力下，多数学生基本不会主动参加某种学习或者锻炼，而俱乐部教学模式要想顺利开展，在很大程度上还要依赖学生的自觉性。因此，在大一、大二两个年级的教学中，教学者一定要注重对学生兴趣的培养，让学生养成良好的自主锻炼习惯，这样才能保证俱乐部教学模式的正常开展。

（二）将俱乐部教学模式应用于教学的措施

1. 从根本上改变体育教学的观念

高等院校的实力不仅仅体现在其科研能力的高低上，还应该体现在其对于人才的教育和培养上，而培养人才，除了要注重智力培养，还要注重身体素质上的加强。因此，高校必须重视体育教学，在体育设施以及器材上要加大购买与维护投入。除此之外，对于各种俱乐部的运营，高校也可以直接放手给学生，甚至让学生进行自主运营，实现资金的多渠道来源。在教育教学上，不仅要开设传统的例如羽毛球、排球、篮球、乒乓球等项目，还要与时俱进，开设一些比较受学生欢迎的新型项目，例如：瑜伽、攀岩、射击等等。这样才能充分激发学生的运动兴趣，从而提高其锻炼的积极性，使学生在新的尝试中发现自身更多的潜力。只有这样，俱乐部教学模式才能在最大程度上发挥其功效，让学生真正得到身体素质上的提高。

2. 使教学模式多元化

教学模式的单一性会导致学生学习兴趣不高，教学成效低下等等问题。在俱乐部教育模式下，可以进行"一体化，分层次"教学。一体化是指体育教育与其他教学一体化，避免学生的运动时间被其他专业课挤占，而分层次是指不同水平、不同兴趣爱好的学生进行分类教学，将水平相近、爱好相同的学生分到同一个班级，从而方便教师进行分层次教学，发挥学生的特长。在教学之余，教学者要善于发掘学生的优势，对突出的学生进行训练，选取大学生运动会中的小裁判员与教练员。扩大体育人才后备培养，为高教体育教育做出贡献。多元化的教学模式还可以增强体育教学的新颖性以及娱乐性，让学生养成健康的生活方式，从而提高学生进行终身锻炼的可能性。

3. 完善考核评价体系

现今的体育教学考核大多采取定量考核的方式，对学生的个体差异性考虑不周。在素质教育理念中，学生的成绩不能仅仅依靠分数决定，还要多方位、全面的对学生进行综合素质的考核，例如对学生运动的积极性、运动技能的提高速度等等进行考核，帮助学生发现自己的潜在优势，因此，建立科学合理的考核评价体系就显得尤为重要，同时，合理的评价体系也能在一定程度上帮助学生树立运动的信心，提高学生运动的热情与积极性。

4. 对俱乐部的运作经营体系进行完善

俱乐部的开展，最终目标仍然是提高高校体育教学成效，对这一点一定要充分认识，不能舍本求末。俱乐部在运营过程中，应当选拔专业素质过硬、交际能力较强的教师担任管理骨干，让每个俱乐部都有相关的责任人，分层次逐级管理，实现资源和人才的有效合理配置，合理规划学生的运动时间，对学校的硬件器材进行维护

和管理，引导学生选择适合自己的运动项目，避免因学生的自主选择而出现某个项目选择人数过多的现象。在一阶段的俱乐部活动参与后，要组织学生进行反馈总结，并且为俱乐部更好的发展提出意见，方便教学者进行不断完善，从而达到不断提高学生运动兴趣，提高学生身体素质的最终目的。

在现阶段，我国的俱乐部教学模式仍不够成熟，其实施过程也遇到了许多阻力，

但这个模式的提出仍为高校体育教学解决了一些固有弊端，许多高校体育教学者已经意识到当下教育模式的不足，并且开始积极改进。将俱乐部教学模式真正大规模引入高校体育教学还需要社会、学校与教学者的共同努力。作为高校体育教学工作者，我们要不断提高自身专业素养，加强理论知识建设，大力推广俱乐部教学模式。

第五章　高校体育实践能力培养

第一节　篮球运动

一、篮球基本技术与练习方法

（一）移动

移动是队员在比赛中改变位置、速度、方向和争取高度时所采用的各种脚步动作的统称。

1. 基本技术

（1）起动。

起动是队员在场上由静止状态变为跑动状态的一种脚步动作。突然快速起动在比赛中运用最多，是摆脱对方最简单、最有效的方法。起动时，前脚掌要短促而迅速地用力蹬地，使动作具有突然性。起动的前几步要小而快速，同时上身迅速前倾或侧转，向跑动方向转移重心，手臂协调摆动，能在最短的距离内充分发挥速度或以起动超越对方。

（2）变向跑。

变向跑是队员在跑动中突然改变方向并加快速度来摆脱防守的一种方法。变向时，上身稍向前倾，同时右（左）脚前脚掌内侧用力蹬地，随之腰部扭转，上身向左（右）前倾，移动重心，左（右）脚向左（右）前方跨出一小步后，右（左）脚迅速同左（右）腿的侧前方跨出一大步，继续跑动。

（3）侧身跑。

比赛时，队员在跑动中为了更好地摆脱或超越对手，同时观察场上变化接应队员，经常采用侧身跑。侧身跑时，头部和上身放松地向球的方向扭转，同时侧肩，脚尖朝着跑的方向，既要注意观察场上情况，又要保持奔跑速度。

（4）急停。

跨步急停：队员快速跑动到最后两步时，先向前迈出一步，用脚后跟着地并过渡到全脚掌抵住地面，迅速屈膝，同时身体稍向后仰，转移重心，减缓向前的冲力。第二步着地时，身体侧转，脚尖稍向内转，用前脚掌内侧蹬地，两膝弯屈，重心落在两脚之间。跳步急停：队员在近距离慢跑中，用单脚或双脚起跳（离地不高），上身稍后仰，两脚同时落地。落地时用前脚掌内侧着地，两膝弯屈，下降重心，保持身体平衡。

（5）转身。

前转身：一脚从中枢脚脚尖前绕过移动为前转身。如向左做前转身时，左脚为中枢脚，右脚前脚掌用力蹬地，同时上身向左转动。

后转身：一脚从中枢脚跟后面绕过移动为后转身。如向右做转身时，左脚为中枢脚，身体重心移到左脚，右脚前脚掌用力蹬地，同时上身向右转动。

（6）滑步。

前滑步：由前后站立姿势开始，向前滑步时，前脚向前跨一小步，与此同时后脚用力蹬地向前滑一步，保持开立姿势。注意屈膝降低重心。

侧滑步：由两脚平行站立姿势开始，向左侧滑步时，左脚向左跨出，落地的同时，右脚蹬地滑动，跟随左脚移动，保持屈膝低重心的姿势。身体不要上下起伏，两脚不要交叉，重心要落在两脚之间。向右侧滑步时动作相反。

（7）后撤步。

前脚掌内侧用力蹬地，重心后移，然后将前脚移至后脚的斜后方，紧接前滑步，保持防守位置。

2. 练习方法

（1）基本站立姿势（面向、背向、侧向），听或看信号起动跑的练习。

（2）自抛或别人抛球后，迅速起动快跑，把球接住。

（3）成一路纵队，采用全场"之"字形急停急起。练习时，一队员急停变向后，第二名接上再做，依次进行。

（4）看手势做前、后、侧滑步，后撤步练习，全场"之"字形滑步练习。

（5）两人一组，一攻一守练习。

（6）两人一组，一人运球做各种变向、变速运球，另一人根据对方运球做相应的防守动作。

（二）运球

运球是篮球比赛中个人进攻的重要技术，是组织全队进攻战术配合的重要桥梁。运球练习可以提高控制球、支配球的能力。经常做各种运球练习，不仅可以提高运球技术，而且对传接球、投篮等技术都有很大的促进作用。

1. 基本技术

（1）急停急起运球。

在防守较紧的情况下，运球向前推进时，可利用急停急起的变化来摆脱对手。动作方法：在快速运球中，突然急停时，手拍按在球的前上方。运球急起时，要迅速起动拍球的后上方，要注意用身体和腿保护球。

技术要点：运球急停急起时，要停得稳、起得快。

（2）前变向运球。

当对手堵截运球路线时，突然向左或向右改变运球方向，摆脱防守的运球方法。动作方法：以右手为例，运球向右侧前进，遇到对手堵截前进路线时，右手拍球的右上方使球从体前弹向左侧。同时右脚向前跨，上身向左用肩挡住对手，然后换左手按球的后上方，左脚跨出，从对手的右侧继续运球前进。

技术要点：手、脚、肩、身体协调配合。

（3）虚晃运球。

在对手堵截运球路线时，不换手的横运球，改变球路线，摆脱防守的运球方法。动作方法：运球假动作突破是运球队员利用腿部、上身和头部虚晃，佯作运球动作迷惑对手，使其产生错误判断而做出抢球动作。当其一侧露出空隙时，立即运球突破，左晃右过，右晃左过。

技术要点：手按拍球的部位和拉拍球的动作要连贯。

（4）背后运球。

这是在运球前进中，当遇到对手堵截一侧时，而且距离较近而无法采用体前变向运球时，所采用的一种运球方式。

动作方法：以右手运球，向左侧变向为例。变向时，右脚在前，右手将球拉到右侧身后。迅速转腕拍接球的右后方，将球从身后拍按至身体的左侧前方，然后用左手运球，左脚向前，加速前进。

技术要点：手拉拍球的右外侧，手、脚、腿及身体协调配合。

（5）转身运球。

当对手逼近，不能用直线运球且体前变向运球突破时所采用的一种运球方法。动作方法：变向时，左脚在前为轴，做后转身。同时，右手将球拉至身体的左侧前方，然后换手运球，加速前进。

技术要点：蹬地、转身，拉引球、拍按球动作协调。

（6）胯下运球。

当防守队员迎面堵截时，用这种运球摆脱防守方法。动作方法：当防守队员迎面堵截，贴得很近时，以右手运球为例。变向时左脚在前，右手拍按球的右侧上方。将球从两腿之间运至身体左侧然后上右脚，换手运球，加速。

技术要点：拍按球的右侧上方，球从两腿之间穿过，上步、换手要协调。

2. 练习方法

（1）原地运球：听哨音或看手势，做各种运球练习，体会运球动作，增强手感，逐步提高控球能力。

（2）直线运球：分两组或多组，成横队站于端线处。第一组持球行进间高运球至另一端线，返回时换左手运球，然后将球交给下一组，轮流进行。

（3）变向换手运球：身后运球转身，都采用每人一球，从端线的一边行进间"之"字形依次运到另一边。

（4）对抗练习两人一组一球，全场一攻一防，进攻者采用各种运球方法，从一端攻到另一端攻防交换。

（三）传球、接球

传球、接球是实现战术组织配合的纽带，它能把 5 名队员连成一个整体，充分发挥集体力量，体现篮球运动特点。巧妙准确的传球，能打乱对方防御部署，创造更多、更好的投篮机会；若接到传球后直接投篮得分，则这个传球被称为"助攻"。稳定牢靠合理的接球，能弥补传球的不足，从而很好地完成传球、突破、投篮等动作。

1. 基本技术

（1）持球手法与传出后的手形。

手法：根据手的大小，两拇指八字或一字相对，手指展开拿球。手心不应触球。

（2）持球姿势与方法。

持球基本姿势是可投、突、传的三威胁姿势。它的动作要领：脚尖正对篮圈，前后开立，曲膝，背要直。躯干要对篮，球放在胸前，抬头看防守及观察场上情况。

（3）传球技术与方法。

传球由动作方法、球的运行路线和球的落点构成，这是评价传球质量的重要指标。①双手胸前传球。双手胸前传球是一种最基本而又最常用的传球方法。这种传球快速有力，可在不同方向、不同距离中使用，而且便于和突破、投篮等动作相结合。动作方法：以基本姿势站立，双手持球，向传球方向迅速伸臂、抖腕，同时身体向传球方向移动。初次练习传球时，应向前跨一步以帮助传球。技术要点：手臂前伸与手腕后屈的协调，伸臂与拨腕指的衔接。②双手头上传球。双手头上传球出手点高，便于与头上投篮相结合，与突破、运球等技术相结合使用时，增加动作的幅度，所以它适于高大队员使用。动作方法：传球时应将球举过头顶。使用双手持球，球高过前额，目光集中在传的点上，双手朝向传球的方向，应意识到对手可能会封盖传球。通过抖动指腕将球传出，球就呈直线传到同伴手中。技术要点：摆臂与拨腕指的衔接。③单手肩上传球。单手肩上传球是最基本的传球方法，而且是经常运用的一种远距离传球方法。动作方法：由持球基本姿势开始，右手腕向右肩处翻转，到达合适传球位置后，以肘关节为轴，借助下肢蹬转或腰腹转动的力量，顺势带动前臂的挥动。手腕、手指前屈，球通过指端旋转传出。技术要点：展体挥臂和蹬腿与身体重心前移的协调连贯。④单手体侧传球。这是一种近距离隐蔽传球的方法，外围队员传球给内线同伴时常用这种方法。动作方法：持球经身体侧后方弧线向外伸展手臂，以肩为轴向前摆臂，当手臂侧伸较充分时，及时扣、拨腕指将球传出。技术要点：体侧弧线引球，摆臂制动与拨腕指的衔接。⑤反弹传球。这是最常用的一种近距离隐蔽传球方式，是小个队员对付高大防守者或中锋传给往球篮方向切入的同伴的有效手段。动作方法：双手掌心向下，置球于胸腹之间。用手指、手腕弹拨球传出。反弹点落于离接球队员三分之一处。反弹高度于腰膝之间。技术要点：球速快，掌握好击地点。⑥单手体前侧传球。这是最常用的一种非常隐蔽传球方式，适用于各个位置。动作方法：以"三威胁"姿势开始，余光观察自己同伴的位置，把握时机。传球时，摆动小臂，当球基本过了前胸时及时压腕、拨指将球传出。技术要点：摆动小臂与压腕、拨指的连贯。⑦单手背后传球。当持球者贴近防守者时运用之，一般情况在快攻结束和突破分球时运用。动作方法：向背后引球时肘稍上抬，上臂带动前臂摆动，当半球位于体后时及时拨腕指将球传出。技术要点：摆臂与拨腕的时机。

（4）接球。

接球就是获得传球的动作。良好的接球技巧能够弥补传球的不足。无论何种接球，都是由伸臂迎球和缓冲握球等动作组成。接球时，要伸臂迎球，当指端触球的瞬间，手臂要顺势后引，曲肘缓冲来球的惯性后持球。有对手防守时，要先卡位再要球。接球后要随时做"三威胁"攻击姿势，并尽快衔接下一个动作。

①接球的手法

A. 双手接球。两臂先伸出迎球，双手十指自然分开成半球状，手指指端触球瞬间，双臂随球缓冲来球的力量后，自然持球于胸腹之间，保持好"三威胁"的姿势。

B. 单手接球。五指自然分开成弧形并伸出手臂迎球，手指指端触球的瞬间顺势缓冲控球。同时，借助另一手的辅助成双手持球的"三威胁"姿势。

②接球方法

A. 原地接球。包括迎、引、成基本姿势。迎：是向来球方向伸臂或上步迎接球。引：即在缓冲过程中将球带到所需部位。成基本姿势：是指下一个进攻动作的开始姿势。由接球点到腹前走一条向后向下的弧线。

B. 移动接球。跨停步接球：靠近来球方向的内侧脚跨步缓冲接球，后腿膝部内扣，斜撑制动。跳停步接球：收身稍跳起接球，双脚同时落地。

2. 练习方法

（1）原地对墙做各种传球、接球。

（2）两人一组做各种传球、接球。

（3）迎面传球、接球。

（4）行进间两人传球、接球：把人数分成相等的两组站在端线后，两人一组传球、接球上篮交给对面的另一组做同样的练习，然后排到队尾，交替进行。

（5）行进间三人传球、接球：练习方法同上，要求三人传球时，中间队员稍后与左右两名同伴成三角形队形，每次传球必须通过中间队员。

（6）三人"8"字围绕传接球：传球人始终从接球者身后绕切至前面接球。

（四）投篮

投篮得分是篮球运动所有技术、战术、技能的最终目的，是篮球比赛中惟一的得分手段。篮球所有的技、战术配合都是为了创造最佳投篮时机，提高命中率，因此投篮是篮球比赛的关键，是攻防对抗的焦点。

1. 基本技术

（1）投篮的身体姿势和持球方法。

①投篮的身体姿势：两脚开立，与肩同宽或略宽。重心在两脚之间，保持好重心平衡。两个膝关节要保持弯曲，上身要含胸直背，身体不能前后、左右摇动，目视投篮目标。肘关节的姿势是当投篮手举起时，手应放松地贴住自己的身体。手和球举起后，肘关节适度外展，躯干与上臂，上臂与前臂，前臂与手腕都要形成90°。②持球方法：对于单手投篮，用投篮手的食指尖端接触球的平面中心部位。投篮手的拇指应该展开，与食指呈60°夹角，手指应有"握球"的感觉，手心自然空出。扶球手扶球的一侧，手指全面展开到最大程度。

（2）投篮技术与方法。

①原地投篮：它是比赛中应用比较广泛的投篮方法，是行进间单手高手投篮、跳起单手肩上投篮等技术动作的基础。

A. 单手肩上投篮。动作方法：以投篮姿势，用力蹬地，伸展腰腹，抬肘，手臂上伸、手腕、手指前屈，指端拨球，用中指、食指将球投出，手臂向前自然伸直。技术要点：全身动作协调，用力一致。

B. 双手胸前投篮。动作方法：双手持球于胸前，肘关节自然下垂（不要外展），上身稍前倾，两膝微屈，身体重心放在两脚之间，目视投篮目标。投篮时，两脚蹬地，腰腹伸展，两臂上伸，两手腕同时外翻，指端拨球，用拇指、食指、中指投出，手自然伸直。技术要点：掌握好屈膝蹬地、腰腹伸展。手臂上伸与手腕、手指用力动作的连贯、协调。

C. 勾手投篮。动作方法：以右手为例，降低重心，上身向左倾斜，左脚用力蹬。技术要点：掌握身体重心，手腕和手指力量的控制。

②行进间投篮。行进间投篮是一种被广泛应用的投篮方法。一般在快攻中或切入篮下时运用，也可以在中、近距离投篮时运用。

A. 行进间篮下单手肩上投篮。这是快攻和突破到篮下时常运用的一种投篮方法。比赛中命中率较高。动作方法：以右手为例，在跑动中右脚向前跨出一大步，双手迎前接球，左脚接着上一步，脚跟先着地迅速过渡到前脚掌起跳，同时双手举球，右脚屈膝向上抬配合左脚起跳。当身体到达最高点时，扣腕和手指拨球，柔和地将球投出。技术要点：接球、起跳、引球、扣腕、拨指配合协调。

B. 行进间单手低手投篮。这是快速中超越对手后所采用的一种投篮方法。它具有速度快、伸展的距离远和便于保护球的优点。动作方法：以右手为例。在跑动中右脚向前跨出一大步，双手迎前接球，左脚接着上一步，脚跟先着地迅速过渡到前脚掌起跳，同时双手举球，右脚屈膝向上抬配合左脚起跳。当身体到达最高点时，左手离球，右手托住球的下部，手臂继续向球篮上方伸展，并以手腕为轴，手指向上挑球从食指尖投出。技术要点：助跑、接球、起跳举球、挑球动作连贯协调。

③跳起投篮。跳起投篮具有突破性强、出手点高、不易防守、便于与传球、突破和其他假动作相结合的优点，经常与移动、传接球、运球突破等技术动作结合运用。

A. 原地跳投。动作方法：以投篮姿势，在两脚用力蹬地向上起跳的同时，上身向上伸展，双手举球，当身体接近最高时，右臂抬肘向上伸直，最后用手腕、手指的力量将球投出。落地时，双腿屈膝缓冲，准备下一个动作。技术要点：利用身体在空中最高点刹那间的稳定迅速出手。全身用力协调一致。

B. 接球急停跳投。动作方法：在快速移动中接球，用跨步或跳步急停。突然向上起跳，迅速举球，当身体接近最高点时前臂向前上方伸直，手腕前屈，手指拨球，通过指端将球投出。技术要点：急停时，步子要稳，连接起跳技术，身体腾空和投篮出手协调一致。

C. 运球急停跳投。动作方法：在快速运球中，用跨步或跳步急停，突然向上起跳，迅速举球。当身体接近最高点时前臂向前上方伸直，手腕前屈，手指拨球，从指端将球投出。技术要点：急停时，步子要稳，连接起跳技术，身体腾空和投篮出手协调一致。

2. 练习方法

（1）持球模仿投篮练习：成广播体操队形，体会原地或跳起投篮的手法和用力过程。

（2）接球急停跳投练习：两人一组一球，相距5米左右。一人跳起做投篮练习，另一人接球急停后跳起模仿投篮练习。体会动作的衔接过程。

（3）五点定位投篮。三人一个球篮，用一个或两个球，篮下有人捡球，按五点顺序投篮或跳投，每个点投中三个球才能换下一个点，设计中或未中次数。离篮3~4米逐渐放远到5~6米，并逐渐加快速度，依次练习。

（4）罚球投篮练习：持球站在罚球线后，原地或跳起投篮。进一步体会投篮手法，协调用力和投篮出手角度。

（5）在三分线区域内做一分钟投篮练习：一人一球自投自抢，先3米远左右投篮，再把距离拉远投篮练习。

（6）行进间运球投篮练习：把队员分成两组，从中场开始做运球上篮。

（7）行进间全场传接球投篮：三人直线传接球投篮，三人围绕跑动中传接球投篮练习。

（五）持球突破

随着篮球技术的发展，各个位置的队员都能熟练地运用持球突破技术。持球突破技术发展主要表现为突然性强、速度快，与其他技术的结合非常紧密。持球突破后的各种运球和投篮更加具有攻击性。与假动作结合，使突破防不胜防。主要有以下几种方法：

1. 基本技术

（1）交叉步持球突破。

动作方法：以右脚做中枢脚为例。突破时左脚先向左跨出一小步（假动作），而后，左脚前脚掌内侧用力蹬地，同时上身向左侧转，左肩下压，使身体向右前方跨出，将球引向右侧并运球，中枢脚蹬地上步继续运球超越对手。技术要点：蹬跨积极，转体探肩保护球。

（2）同侧步持球突破。

动作方法：准备姿势和突破前的动作要求与交叉步相同。突破时，右脚向右前方跨出一步，向右转体探肩，重心前移，右手运球，左脚前脚掌迅速蹬地，向右前方跨出，突破防守。技术要点：蹬跨积极，转体探肩保护球，第二次加速蹬地积极。

（3）前转身突破。

动作方法：以左脚做中枢脚为例。突破前的准备动作背向球篮站立，两脚平行开立，屈膝，重心降低，两手持球于胸前。突破时重心移至左脚上，以左脚为轴前转身，右脚向球篮方向跨出，向左压肩，右手运球后左脚蹬地突破对手。技术要点：移重心，蹬地运球动作连贯。

（4）后转身突破。

动作方法：准备动作与前转身相同，突破时以左脚为轴转身，右脚向右侧后方跨步，压肩，脚尖指向侧后方，右手向右脚前方放球，左脚前脚掌内侧迅速蹬地向球篮方向跨出，运球突破防守。技术要点：重心平稳。右脚向右侧后方跨出，左脚掌内侧蹬地发力。

2. 练习方法

（1）原地模仿练习。

（2）运用假动作，做不同的突破技术练习，提高运用动作的变化能力和动作的变换速度。

（3）半场或全场一对一对抗比赛。两人一组一球，先由一方持球开始进攻，进攻时可以运用交叉步或突破上篮。如突破成功或投篮命中，进攻者继续进攻，反之则交换。

（六）个人防守

个人防守技术更具有攻击性。防守者降低重心，增大防守面积，充分利用自己的身体体重与灵活多变的脚步。对有球队员采用平步或斜步的紧逼攻击性防守，对无球队员采用错位防守。做到以球为主，球、人、区三位一体的防守。

1. 防守的基本动作

（1）基本姿势。

两脚左右分开，一脚稍前，屈膝下蹲，重心在两脚之间。上身挺胸塌腰。一脚稍前比两脚平行站立前后更稳定，在突然后撤或向前时易于发力而不需调整。

（2）脚步移动。

滑步：移动时先向移动方向蹬跨，跨步脚紧贴地面，再蹬地脚紧贴地面并步。后撤步：第一步蹬跨后撤要跨步完成，紧接滑步动作。

交叉步：是后撤步接追踪步的第一步（交叉）再接滑步的组合。

追踪步：是保持给对手一定压力的、重心稍低的侧身跑动作。

2. 防有球队员的基本动作

迅速调整防守脚步贴近对方，用手干扰对方，破坏对方进攻动作。同进攻者保持一臂距离，重心降低，始终要把进攻者置于自己的两腿之间。若运球停止后，要迅速贴近，积极挥动手臂进行封堵。

（1）平步防守。

两脚平行站立，重心置于两脚之间。重心降低膝角约100°，两手臂侧伸，五指张开，两脚处于起动状态。膝关节内扣。

（2）斜步防守。

两脚前后斜步站立，一臂上举，一臂侧伸。重心置于两脚之间，屈膝收腹。重心低于对方，两脚处于起动状态。

3. 防无球队员的基本动作

人、球、区兼顾，做到近球上，远球放，控制对手接球。防守强侧的无球队员时，采取面向对手侧向球的站位法。用眼睛的余光注意球。防守弱侧无球队员时，采取侧向对手面向球的站位法。防止对手接球。

（1）在球、对手、球篮三点的夹角中间防守。

动作方法：两腿稍屈，两臂自然，保持放松机动姿势，侧对防守对象和球。根据对手离球和球篮的远近不断调整与防守对象的距离。

（2）绕前防守。

这是一种在防守的人、球、球篮成直线或从篮下溜过时要采用的防守方法。它可分为挤绕和后转身绕。

挤绕的动作方法：后臂从上前伸下压同时后脚前跨。

后转身绕的动作方法：前臂屈肘以前脚为轴后转身。绕前防守紧贴的对手，一手后伸掌握防守对手的移动。技术要点：快速移动中身体姿势和重心的稳定；人和球兼顾。

（3）贴身防守。

这是一种在对手接近球篮时要采用的防守方法。其动作方法：两脚斜步防守，一手屈肘顶住对方腰部，一手前伸干扰传接球。

（七）抢篮板球

篮球比赛中，抢篮板球是获得控制球权的重要手段之一。

1. 基本技术

（1）抢进攻篮板球。

根据自己场上所处的位置，及时判断出球反弹方向，快速起动，摆脱防守，抢占有利的位置。采用单脚或双脚起跳，腾空后身体和手臂充分伸展，及时调整重心，进行投篮或将球传出。

（2）抢防守篮板球。

攻方投篮时，防守队员应根据自己与进攻队员之间的不同距离，采用不同的挡人方法。然后根据球反弹的方向，及时转身，抢占有利位置，跳起用单手或双手迅速将球抢下来。落地后持球远离对手，便于及时传球或运球。

2. 练习方法

（1）原地起跳抢球练习，向上自己抛球，然后用双脚起跳，在最高点处将球抢下来。落地屈膝缓冲。体会起跳、空中抢球和落地动作。

（2）两人一组一球，一人站在罚球线处，传球给篮下的队员。篮下队员接球后把球向篮板上抛出碰板。罚球线处的队员上步用双脚或单脚起跳抢从篮板上反弹起来的球，抢下后把球投进篮圈；数次后交换。

（3）抢罚球篮板，双方按照比赛中罚球方法进行站位。确定甲方其中一人执行罚球，甲方的另外四人和乙方分别站在分位线后。当投球碰板或碰圈弹起瞬间，双方即冲抢篮板球。如投篮命中，则换由甲方的另一名队员罚球；如投篮不中，由抢得篮板球的队罚球。

二、篮球基本战术

（一）战术基本配合

1. 进攻战术基础配合

（1）传切配合。

这是指利用传球和切入技术组成的简单配合。

（2）突分配合。

这是指进攻队员持球突破防守队员向篮下切入，遇到防守方另一队员补防时，将球传给因对方补防而漏防的同伴，或传给转移到指定的配合位置上的接应同伴的简单配合方法。

（3）掩护配合。

这是指进攻队员以自己的身体采取合理的动作挡住同伴防守者的移动路线，使同伴借以摆脱防守的一种方法。根据被掩护者的不同方位而分为侧掩护、前掩护和后掩护。

（4）策应配合。

一般是指处于内线的队员背对或侧对球篮接球，由他作枢纽与外线队员的突切相配合而形成的一种里应外合的方法。

2. 防守战术基础配合

（1）挤过配合。

在对方进行掩护配合时，防守者为了破坏对方的掩护，在掩护者临近的一刹那，主动靠近自己的对手，并从两个进攻队员之间侧身挤过去，继续防住自己的对手。

（2）穿过配合。

对方进行掩护配合时，防守掩护的队员主动后撤一步，让同伴从自己和掩护队员之间穿过去，以便继续防守自己的对手。

（3）交换防守配合。

这是为了破坏进攻队员掩护配合，防守队员及时交换所防对手的一种配合方法。

（4）"关门"配合。

"关门"配合是临近的两个防守队员协同防守突破的配合方法。

（二）全队战术配合

1. 全队进攻战术配合

（1）进攻半场人盯人。

常采用内线、外线结合，积极穿插、换位，连续掩护等基本手段，制造中投或篮下投篮等各种机会。常采用的队形有："2—1—2"（单中锋进攻法）、"1—2—2"（双中锋进攻法）、"8"字掩护进攻法、移动进攻法等。

（2）进攻区域联防。

进攻区域联防的方法有很多，可根据本队的具体情况和对方联防的形式确定阵式和配合方法。其目的在于攻击对方区域联防的薄弱环节。如"1—3—1"进攻队形布局是针对"2—1—2"和"2—3"区域联防而组成的，"2—1—2"进攻队形布局是针对"1—3—1"区域联防组成的等。

2. 全队防守战术配合

（1）半场人盯人防守战术配合。

这种战术配合是进攻队进入防守队的后场后，防守队立即迎上积极盯住各自的对手，同时，进行集体协同防守。基本战术要求是："以人为主，人球兼顾"和"有球紧，无球松"；针对对手的具体情况（如个人特点和离球、离篮的远近），抢占有利位置，积极移动，进行抢、堵，控制对手的行动，破坏对方进攻配合。半场人盯人防守分松动和扩大两种形式。一般来说，对外围中投不太准而篮下攻击力量较强的对手，采用"松动"形式，反之采用"扩大"形式。

（2）全场人盯人防守战术配合。

全场人盯人防守是一种积极主动、富有攻击性的防御战术。在进攻转入防守后，立即在全场积极地阻挠对手移动、接球和投篮。这种战术不但能破坏对方有组织、有计划的战术配合，提高比赛速度，而且能促使对方失误。目前，常用的全场紧逼人盯人防守队形有"1—2—1—1"、"2—1—2"、"2—2—1"等。

第二节 排球

排球运动是一项两队对抗，每队 6 人，分两排站位，以中间球网为界，根据规则以身体任何部位击球过网而决定胜负的球类运动。

排球运动 1895 年由美国人威廉·莫根发明，最初是在室内球网两边用篮球胆拍来拍去使球不落地的一种游戏，取名 Voleybal，意为"空中飞球"。排球运动经历了多种发展形式，最初为 16 人制排球（每排 4 人，按 4 排站位），后来演变成 12 人制（每排 4 人，分 3 排站位）和 9 人制（每排 3 人，分 3 排站位），以及至今的 6 人制排球。因为它是按排站位打球的，所以中国人称之为排球。

1947 年 4 月，国际排球联合会在法国巴黎成立，现在已成为拥有 178 个会员国的体育组织。1949 年首届世界排球锦标赛在布拉格举行。1964 年排球运动被正式列为奥运会比赛项目。目前世界性的比赛有：世界排球锦标赛、世界杯排球赛、奥运会排球赛和世界排球联赛。

一、排球基本技术和练习方法

排球技术有两种：一种是有球技术，包括传球、垫球、扣球、发球和拦网；另一种是无球技术，包括准备姿势、移动、起跳及各种掩护动作等。

（一）准备姿势和移动

准备姿势和移动是排球运动中各项技术的基础技术。任何一项排球技术在比赛中运用的效果，在很大程度上取决于准备姿势和移动技术。

1. 准备姿势

两脚支撑的位置：两脚左右开立，略比肩宽。站左半场的队员，左脚在前（约一只脚的距离），右脚在后；站右半场的队员，右脚在前，左脚在后；站在场中央的队员，两脚平行开立比肩稍宽。

身体基本姿势：双目注视来球，两膝弯曲并内扣，膝部的垂直面超出脚尖，脚跟提起，身体重心的着力点在前脚掌拇趾根部，上身前倾，两肩的垂直面超出膝部。手的位置：两臂自然弯曲，并置于胸腹之间，两手心相对，手指自然张开。

2. 移动

移动是接好球的重要条件。无论任何方向的来球，身体必须面对来球方向。因此，要尽快地移动取得好位置，做好接球前的准备姿势。通常采用的几种移动步法是：滑步、交叉步、跨步、跨跳步、跑步、后退步等。

3. 练习方法

（1）学生集体做准备姿势，强调两脚的位置；

（2）原地跑或慢跑中，看教师发出的信号，迅速做准备姿势；

（3）学生在准备姿势的基础上，看教师手势做向前、后、左移动；

（4）两人一组，一人抛球一人按步法要求移动接球；

（5）各种形式的移动接力。

（二）发球

发球是比赛的开始，同时也是进攻的开始。现代的发球技术已越来越具有强大的攻击能力。攻击力强的发球不但可以直接得分，更主要是可以破坏对方的接发球，削弱其进攻威力，减轻我方的防守压力，取得比赛的主动权。

1. 基本技术

所有发球技术的动作结构是相同的，但根据不同的发球技术又有不同的技术特点。发球技术的动作结构可以分为准备姿势、抛球、击球手形、挥臂击球四个技术环节。发球的种类很多，不管采用哪一种发球，要想把球发好，必须注意以下几点：第一，抛球稳：抛球是基础，要求掌心向上平稳地把球抛起。每次抛球的高度和身体的距离应基本固定。第二，挥臂快：手臂的挥动速度与球飞行速度成正比，手臂挥动快，则球的速度快。第三，击球准：用力方向必须和所要发出球的方向相一致。第四，正确的手法：击球手法不同，发出球的性能也不同。不同的发球种类应使用不同的击球方法。

（1）正面下手发球。

这种发球简单易学，失误率较小。但速度慢，力量小，攻击性差，适用于初学者。发球前，面对球网，两脚前后站立，左脚在前，右脚在后，两膝微屈，上身前倾，左手持球置于腹前，右臂自然下垂。发球时，左手将球在体前右侧抛起，离手20～30厘米。在抛球的同时，右臂向后摆动。击球时，右脚蹬地，身体重心前移，右臂伸直，以肩为轴，向前摆动到腹前，用虎口或掌根击球的后下部。随着击球动作重心前移，迅速入场。

（2）侧面下手发球。

①准备姿势：左肩对网站立，两脚左右开立，与肩同宽，两膝微屈，上身稍前倾，重心落在两脚间或稍偏右脚，左手持球置于腹前。

②抛球：左手将球抛至胸前，约离身体一臂之远。

③击球：在抛球的同时，右臂摆至右侧后下方，手指微屈而紧张，利用右脚蹬地和向左转体的力量，带动右臂向前摆动，在腹前用全掌击球的后中下部，将球击出。击球时，手臂要伸直，眼睛要看球。

（3）正面上手飘球。

发球前在发球区选好位置，面对球网站立，左脚在前，右脚在后，重心落在后脚上。左手持球置于胸前，观察对方的站位布局，选定最佳落点。

发球时左手将球平稳地向右肩的前上方抛起，高度适中。在抛球的同时，右臂抬起，并屈肘后引，五指并拢，指尖朝上，手腕保持一定的紧张度。

击球时利用蹬地转体的动作带动手臂有力地向前上方挥动，重心随之移至左脚，以手掌根击球的后中下部，击球的力量要集中、迅猛，击球的作用力通过球的重心使球不旋转地向前飞行，击球结束时手臂要有突停动作。击球后，右脚随着击球动作自然前移，迅速进场。

（4）勾手大力发球。

这种发球的特点是力量大，弧度平。由于球向前旋转，从而加快了球的下落速度，容易造成对方措手不及，有较强的攻击性，但这种发球需要很好的体力，技术要求高，掌握不好容易造成发球失误。

发球前左肩对网站立，两脚开立与肩同宽，两膝微屈，重心落在脚与脚之间。双手持球于腹前。发球时，双手将球平稳地抛至头的左前上方，高约1米。在抛球的同时，右腿稍屈，重心移至右脚上，上身向右倾斜并转动，同时右臂向右后倾摆动，抬头看球。随着右腿用力蹬地，利用挺胸及转体的动作带动手臂向上挥击。

击球时迅速收胸、收腹、转体，身体的重心移至左脚上。击球的手臂要伸直，并要协调、自然地向上作弧形摆动，击球的手掌应放松，用全掌击中球的后下部，并利用手腕的推压动作使球向前旋转。球发出后，顺势迅速进场。

2. 练习方法

（1）徒手练习。按照动作方法要领，让队员做徒手模仿练习，或做击固定球练习。

（2）抛球练习。右手持球练习向上抛起（掌心向上，平稳抛起，球不旋转）。根据发球的性能，抛球的高度和落点要合适。

（3）两人一组短距离不上网对发。

（4）抛击配合练习。近距离对墙发球，体会发球时抛球与击球的配合。

（5）上网发球。两人一组隔网对发，距离由近到远，直至发球区内。体会击球用力和动作连续性。

（6）分两组端线后发球比赛，看哪一组积分多。

（三）垫球

垫球是排球的基本技术之一，是接对方进攻性击球的主要技术动作，是组织进攻和反攻战术的基础。因此，提高垫球技术的熟练程度和运用能力，是争取胜利的重要条件。

1. 基本技术

（1）正面双手垫球。

适合接速度快、弧度平、力量大、落点低的各种来球，在接发球和后排防守时广泛采用，是各项垫球技术的基础。

①准备姿势：做好准备姿势，迅速判断，及时移动，正面对准来球方向。②击球手形：两手掌根紧靠，两手手指重叠合掌互握，两拇指平行。两臂自然伸直，手腕下压，小臂外展靠拢，手腕关节以上的前臂形成一个垫击的平面。③击球动作：击球时，蹬腿提腰，含胸提肩，压腕抬臂等动作密切配合，手臂迅速插入球下，将球准确地垫在手腕以上 10 厘米的小臂上。击球时，两臂保持平衡固定，身体和两臂自然地随球伴送，以便控制球的落点和方向。④手臂角度：手臂角度对控制球的方向、弧度和落点有很大影响，应根据垫球距离和入射角等于反射角的原理加以调整。

正面双手垫球应掌握插、夹、提三个动作要领。插：两臂伸直，插到球下。夹：两臂夹紧，含胸收肩，用两前臂的平面击球。提：提肩送臂，身体重心随出球方向前移。垫击过程中要做好移、蹬、跟三个环节。移：快速移动，对准来球。蹬：支撑平稳，两腿蹬起。跟：随用力方向，腰紧跟。

（2）体侧垫球。

来球飞向体侧而来不及移动对正来球时，要采用侧垫。侧垫时切忌随球伸臂，这样会造成球蹭手而向侧方飞出，应先用两臂到侧方截击来球。还应注意两臂不要弯曲，以保持击球平面，否则会因手臂不直或两臂间距离太大而垫不好球。

（3）背垫。

背垫就是背向出球方向击球。背垫时，要清楚出球的方向、距离。用力时，要抬头后仰，两臂伸直向后扬臂。

2. 练习方法

（1）徒手模仿。先做原地垫击模仿动作，然后做徒手移动后垫击模仿动作。

（2）垫固定球。一人双手持球于胸前，另一人原地或移动后用垫球动作击球，体会手臂击球部位和全身协调用力。

（3）两人一组，一抛一垫。两人距离由近到远，先是一人抛，一人原地垫，然后是一人抛，一人移动垫。

（4）对墙连续自垫。对墙垫时，要求手臂角度固定，用力适当，控制球的高度，用蹬腿动作发力，注意身体协调用力。

（5）转换方向垫。三人一组成三角形，一人抛球，一人变方向垫球，另一人接球或传球给抛球者，循环往复。

（6）二人相距7~8米，一发一垫。

（7）二人相距5~6米，第一次把球垂直垫起，第二次把球垫给对方，连续进行。

（8）三人一组相隔10米以上，一发一垫一调，做若干次轮转。

（四）传球

传球是用手指和手腕的弹力进行上手击球的技术动作，是排球的最基本最原始的击球方法。在比赛中主要用于衔接防守和进攻。可广泛用于接发球、二传等。

1. 基本技术

传球的方式很多，有正面传球，背传，侧传，跳传。其技术环节可分为：准备姿势、迎球、击球点、手形、击球时的用力几个部分。

（1）双手正面传球。

准备姿势：正面对准来球，两脚开立，比肩宽，一脚在前，两脚尖适当内收，脚跟稍提起，两膝稍屈。两肩放松，眼睛注视来球，两手自然弯置于胸腹前。手形：两手手指自然张开，掌心相对，手指微屈成半球状，手腕稍后仰，以拇指、食指、中指托住球的后下部，无名指和小指在两侧辅助控制传球的方向。拇指相对成一字形或八字形置于额前。

击球时的用力：传球时，利用蹬地、伸膝、展体和伸臂的动作，以拇指、食指、中指发力，无名指和小指控制住球的方向。触球的瞬间，手指和手腕应保持一定的紧张程度，用手指和手腕的弹力以及身体和手臂的协调力量将球传出，用力一定要协调一致。传球距离较近时，手指、手腕的弹力较多；传球距离较远时，必须加强蹬地展体的力量。

（2）背传。

背传是传球的基本方法之一。在比赛过程中，使用背传技术能达到出其不意、迷惑对方的目的，使战术多样化。

准备姿势：上身比正面传球时稍直立，身体重心稳定在两脚之间，双手自然抬起，放松置于脸前。

迎球：双手上举，挺胸，掌心稍向上，手腕稍后仰。

击球点：保持在额上方。

手形：与正面传球相同，拇指托球的后下部。

击球时的用力：利用蹬地、上身后仰、挺胸、展腹、抬臂及手腕和手指的弹力将球向身体后上方送出。

（3）侧传。

身体不转动，主要靠双臂向侧方伸展的传球动作叫侧传。侧传有一定的隐蔽性。侧传的准备姿势、迎球动作与正面传球相同，击球点保持在脸前或稍偏于出球方向一侧。传球手势与正面传球相同，但倾向出球一侧的手臂要低一些，另一侧则要高一些。用力时，蹬地后上身要向出球方向倾斜，双臂向传出一侧用力伸展，异侧手臂动作幅度较大，伸展较快。

（4）跳传。

跳起在空中做传球动作叫跳传。跳传有原地跳、助跑跳、双足跳、单足跳等动作。

起跳最好是向上垂直起跳，不宜向前或向侧冲跳。起跳的关键是掌握好起跳时机，起跳过早或过晚都会影响传球的质量。

起跳后双臂上摆至脸前，身体在空中保持平衡。当身体上升到最高点时，靠伸臂动作和手腕、手指的弹力将球传出。

2. 练习方法

（1）徒手模仿传球动作。做好准备姿势，蹬地、伸臂，模仿传球推击动作，领悟动作过程。

（2）体会击球点与手姿。每人一球按照传球的击球点与手形，摆在额前，然后另一人将球拿掉，看手姿是否正确，击球点位置是否合适。

（3）传球的协调用力。两人一组，持球人拿球在合适的击球点做好传球的手形，另一人用单手压着球，持球者用传球动作向上推送球，体会全身协调用力。

（4）贴墙传球。每人一球，贴墙站立，用传球手姿拿好球，肘关节贴墙，用传球动作向墙传球，体会传球手形、击球点和手指、手腕的传球用力。

（5）对墙传球。距离由近至远，体会传球用力。

（6）向上自传。个人进行，先原地传，后移动传；先传低球，后一高一低传。

（7）两人一组，一人抛球，另一人传球。先抛准球，让传球人原地传；后两侧抛球，让传球人移动传。

（8）两人对传。可以一固定，一移动，或自传一次，再传给对方等。

（9）跑动传球。三人或三人以上成纵队跑动传球。

二、排球基本战术

战术是指比赛双方运用进攻与防守的对抗，并结合临场变化，合理地运用技术，有组织、有针对性地配合行动。一个球队的战术水平往往反映着该队的技术水平，因为只有全面、准确、熟练地掌握了基本技术，才可能形成战术。排球基本战术分为个人战术和集体战术两种。

（一）阵容配备

阵容配备是合理地搭配本队队员的一种组织手段。阵容配备有三种形式。"三三"

配备：由三名进攻队员和三名二传队员组成，此种形式的战术形式简单，攻击力弱，适合初学者。

"四二"配备：由两名主攻队员，两名副攻队员和两名二传队员组成。队员分别对角站立。这种阵容配备便于采用"中一二"和"边一二"进攻战术。前排始终保持两名进攻队员和一名二传队员，这样能够组织多种战术配合，充分发挥本队的进攻力量。

"五一"配备：由一名二传队员和五名进攻队员组成。这种配备形式攻击力强，能组织多种战术体系。二传队员在前排时，能组织"中一二"、"边一二"进攻战术。二传队员在后排时，可采用插上战术，保持前排三点进攻。具有一定水平的队多采用此种阵容配备。

（二）交换位置

为了解决某些轮次进攻和防守力量的搭配及阵容配备上的某些缺陷，以便有效地组织攻防战术，规则允许在发球击球后，双方队员可以在本场区内任意交换位置。交换位置的主要目的是为了充分发挥每个队员的专长，以取得扬长避短的效果。前排队员之间的换位，主要是为了便于进攻战术的实施和拦网实力的调整。前后排队员之间的换位，主要是为了保持前排三点进攻。后排队员之间换位，是为了加强后排重点部位的防守。

（三）信号联系

排球运动是一个集体项目，在实现快速多变的进攻战术时，必须通过信号联系才能统一行动。一个队的战术信息力求简单、清晰、本队队员明了。

语言联系：使用语言直接进行联系。

手势信号：通过事先约定的各种手势，进行规定的战术配合。

落点信号：根据起球后的落点，作为发动某种进攻的信号。

综合信号：以手势信号为主，辅以落点信号、语言信号以及教练员的暗示等。

（四）"自由人"运用

合理地选择并运用"自由人"是战术运用的一个方面。"自由人"专司接发球和后排防守，其上下场之间只需经过一次发球比赛过程，换人不计为正规换人次数，且次数不限。因此，选择接发球和后排防守技术高超的队员作为"自由人"，能大大提高全队的防守水平。"自由人"又可在当前排进攻、拦网队员体力下降需要休息，并轮到后排时替换上去，所以，合理地运用"自由人"能大大提高全队的进攻水平。

第三节　形体训练

形体训练是以身体练习为基本手段，匀称和谐地发展人体，塑造体型，培养正确优美的姿态和动作，增强体质，促进人体形态更加优美的一种运动方式。形体艺术训练则是以人体科学为基础的形体动作训练，是以提高练习者形体的灵活性和艺术表现力为目的的形体技巧训练。它既注重外在美的训练，又注重内在美的陶冶。练习者在旋律优美的乐曲伴奏下，经常性地进行形体艺术训练，可使身心得到全面发展，有利于培养健美的体态和高雅的气质，使其形体富有艺术魅力。

形体训练内容丰富，形式多样，从运动方式来看，其训练内容分为：徒手练习、持轻器械练习、专门器械上练习三大部分。其中，徒手练习又分为：基本姿态练习、基本动作练习、把杆练习。

一、人体运动的方位与方向

（一）基本方向

人体运动的基本方向是根据人体直立时的基本方向确定的。

向前：指朝着胸部所对的方向运动。

向后：指朝着背部所对的方向运动。

向侧：指朝着肩侧所对的方向运动。

向上：指朝着动作开始时头部所对的方向运动。

向下：指朝着脚底所对的方向运动。

（二）中间方向

中间方向是指两个基本方向之间45°的方向，主要说明上、下肢动作的方向。

（1）前、后与上、下基本方向之间45°的方向构成的中间方向。

前上：手臂前举与上举之间45°的方向。

前下：手臂前举与下垂之间 45° 的方向。

后上：手臂后举与上举之间 45° 的方向。

后下：手臂后举与下垂之间 45° 的方向。

（2）侧与上、下基本方向之间 45° 的方向构成的中间方向。

侧上：手臂侧举与上举之间 45° 的方向。

侧下：手臂侧举与下垂之间 45° 的方向。

（3）侧与前、后基本方向之间 45° 的方向构成的中间方向.

侧前：手臂侧举与前举之间 45° 的方向。

侧后：手臂后举与下垂之间 45° 的方向。

（三）斜方向

斜方向是指两个中间方向之间的 45° 方向。

前斜上：前上与侧上之间 45° 的方向。

前斜下：前下与侧下之间 45° 的方向。

后斜上：后上与侧上之间 45° 的方向。

后斜下：后下与侧下之间 45° 的方向。

（四）四肢相对的方向

向内：指四肢由两侧向中线的运动。

向外：指四肢由中线向两侧的运动。

同向：指不同肢体向同一方向运动。

反向：指两个肢体向相反方向运动。

（五）场地的基本方位

为了准确说明练习者在场地上的运动方向，通常把开始确定的某一边（主席台）定位为基本方位的"1点"。按照顺时针方向，每 45° 为一个基本方位，将场地划分为 8 个基本方位。1点：正前方；2点：右前方；3点：右侧方；4点：右后方；5点：正后方；6点：左后方；7点：左侧方；8点：左前方。

二、形体训练的基本动作

形体美的基本动作是进行形体练习的基础，它在形体锻炼中起着非常重要的作用。形体基本姿态的训练，是以人体科学为基础的形体姿态训练，是对练习者身体形态进行的基础、系统的专门训练。练习者通过对身体各个部位形态的基本训练，可适度改变身体形态的原始状态，提高形体动作的灵活性和优美性，增强站姿、坐姿、走姿及姿态动作的规范和美感。

（一）脚和腿的基本动作

1. 自然站立

站立是最基本、最重要的基本姿态，也是形态训练中最基础的内容。正确的站姿训练，可以改变练习者身体形态的原始状态，使其站立的姿态优美、端庄。动作做法：两脚跟并拢，脚尖分开大约 15～20 厘米的距离，身体重心落在两脚之间；臀部肌肉收紧，收腹立腰，挺胸，颈部伸直，抬头并略收下颌，两臂自然下垂，手略呈圆形，表情自然。

2. 开立

在进行上肢练习的过程中，大多数时间需要练习者保持两腿开立的姿势，以便稳定身体的重心。开立是在自然站立的基础上，调整两脚之间的距离。

动作做法：两脚向侧分开站立，两脚开度大约与肩同宽；脊背挺直，挺胸立腰，收腹提臀；注意身体的重心向上，而保持双肩的下沉。

3. 脚点地立

进行脚点地立的各种练习，是练习者在身体重心置于单脚时，有效提高身体稳定性和控制力的一种锻炼方式，重点强调身体的有效控制和上肢基本姿态的保持。

动作方法：一脚站立，另一脚向前、向侧、向后伸出，脚尖点地。注意前、后点地时需脚尖绷直、脚面朝外；侧点地时脚尖绷直、脚面朝上。

4. 芭蕾舞脚位

动作做法：

一位脚：两脚跟并拢，脚尖向外侧打开，两脚成一横线。

二位脚：两脚跟相对，左右分开相距一脚，脚尖向两侧打开成一横线。

三位脚：脚尖向外侧打开，前脚外侧与后脚内侧重叠一半站立。

四位脚：两脚尖向外侧打开，前后平行，两脚间距离约一脚。

五位脚：两脚尖向外侧打开，前后平行重叠相靠。

（二）手臂的基本动作

1. 两臂同方向的举

前举：两臂前举至水平，同肩宽，掌心向下、向上或相对。

侧举：两臂向两侧抬起至水平，掌心向上、向下或向前。

上举：两臂上举至垂直部位，掌心向前或相对。

前上举：两臂向前抬起至前上 45°方向，掌心向上或向下。

前下举：两臂向前抬起至前下 45°方向，掌心向上或向下。

侧上举：两臂向各自的侧方抬起至侧上 45°方向，掌心向上或向下。

2. 两臂不同方向的举

一臂前举，另一臂前上举。

一臂前上举，另一臂后下举。

一臂侧上举，另一臂侧下举。

一臂后上举，另一臂前下举。

动作要求：所有手臂举的动作方向要正，部位要准确，手臂必须伸直，肩部放松，身体姿势同站立动作的基本要求。

3. 芭蕾手臂的基本位置

一位：两臂于体前成弧形，掌心向内，指尖相对，手臂稍离开身体。

二位：两臂保持弧形前举，稍低于水平位置，掌心向内，指尖相对。

三位：两臂保持弧形上举，位置稍偏前，掌心向内。

四位：两臂成弧形，一臂上举，一臂前举。

五位：两臂成弧形，一臂上举，一臂侧举。

六位：两臂成弧形，一臂前举，一臂侧举。

七位：两臂成弧形侧举，掌心向前。

第六章　高校体育教学渗透心理健康教育

第一节　高校体育教学渗透心理健康教育的含义与作用

一、高校体育教学渗透心理健康教育的含义

高校体育教学渗透心理健康教育，是指高校体育教师在体育教学过程中自觉地、有意识地运用心理学的原理与方法，在授予学生一定的体育知识、运动技能、发展他们智力与创造力同时，维护和增进学生的心理健康，促使大学生形成健全人格所采取的各种措施。

在体育教学中实施心理健康教育，就是在体育课堂教学中有目的、有计划、有组织地对学生的心理健康施加影响的教育过程。体育教学渗透心理健康教育，要求在体育教学目标的确定、课程的编制、教材内容的取舍、教学方法手段的选择，既要符合社会发展的要求，又要符合大学生发展的年龄特征；既要考虑知识技能的传授，又要考虑到大学生各种心理品质的发展；同时，由于高校体育具有自身的特点，因而，在教学中还要考虑大学生身体素质、生理状况，以及运动技能的掌握情况，合理地安排运动负荷与体育渗透心理健康教育的内容。

二、高校体育教学渗透心理健康教育的作用

体育教学因其教学活动的动态性、身体活动的实践性、人际交往的立体性、心理操作的复杂性、心理体验的复合性等，它在帮助学生改善心理状态，有针对性地纠正心理缺陷，提高心理品质，克服心理障碍等，具有其他教育无法替代的特殊作用，是

最容易调控、最现实的心理健康教育工具。

通过体育教学使每一个学生都掌握自身的智力与个性特点，掌握心理健康的基本知识，学会简单的心理调控方法，形成良好的心理健康素质。这些良好的心理健康素质包括：自强不息的人生态度，积极进取的成就动机，勇于冒险的创新精神，高瞻远瞩的预见能力，富有弹性的适应能力，百折不挠的抗挫折能力，强弱适度的情绪反应能力，善于与人相处的交际能力，自我调控的行为能力，健全和谐的人格系统。

（一）对健全学生人格的作用

由于大学生在体育学习中对自己认知、情感、意志、能力、性格等心理上的缺点易于作出比较正确的评价，而为了完成体育学习任务和服从集体利益，大学生必须提高自我教育的自觉性，增强自控能力，从而有利于形成活泼开朗、勇敢果断等良好性格，矫正懒惰散漫、胆怯懦弱等不良性格。日本学者小林晃夫和松田岩男通过研究发现，运动能力发展好的、经常参加体育活动的学生，其心情变化少，自卑感少，情绪稳定，精力充沛，能与人很好地交往，社会适应能力良好；反之，运动能力差的、较少参加体育活动的学生，缺乏耐力，个性也会出现较多的问题。

（二）对调节情绪、情感的作用

在高校体育教学中，大学生通过身体活动能够体验到社会现实中不能体验到的积极情绪，可以满足大学生某种合理的欲望，使受挫折后产生的不良情绪通过躯体活动得到宣泄、转移和升华，有助于大学生的身心健康发展。相关研究表明，体育活动能改善自我概念，有利于培育大学生的自信心，并能陶冶大学生的情操。体育活动能带来流畅的情绪体验，并能培养大学生的主体意识和活泼愉快、积极向上的精神。同时，学校体育对大学生的高级社会性情感，如道德感、理智感和美感的发展也具有积极的影响。

（三）对促进智力发展的作用

古希腊罗马时期亚里士多德早就指出：在体育上，实践必须先于理论，身体的训练应在智力训练之先。从现代科学的观点来看，体育之所以能发展智力，有以下两方面的原因：首先，体育锻炼能促进内脏器官功能增强。例如，经常进行体育锻炼的人，其心脏脉搏输出量就增加，即每次心脏跳动能给大脑提供更多的血液，有助于智力活动的进行。其次，体育锻炼能大大改善和提高中枢神经

系统的机能。前苏联学者列斯加夫特认为，人的脑力与体力之间存在紧密的联系，脑力的发展要求体力有相应的发展。这样使大学生手脑并用，学会运用和创新知识技能。

（四）对锻炼坚强意志的作用

体育活动中任何运动都是依靠学生自身的力量完成技术动作的过程，尤其是在复杂的、难度较大的运动项目中更是如此。没有对自身力量的高度自信，没有坚强的意志，就无法发挥自己的身心力量去完成任务。在高校体育教学中，大学生经过自己的努力，完成具有一定难度的动作后，成功感便会油然而生，这对提升大学生的自信心，培养勇于拼搏和创新精神，锤炼坚强的意志，陶冶情操都具有推动作用。成功感又是一种强化力量，可推动大学生努力争取更大的成功。这种积极进取的精神，对于日常生活、学习中累遭挫折，经不起困难考验，不能始终如一的大学生来说，可以培养他们勇敢的精神、坚强的意志、自信心、进取心和争取胜利的决心。

（五）对培养竞争意识与合作精神的作用

体育活动以其丰富多彩内容和竞技抗争的形式吸引着人们前来参与，在体育活动与竞赛的全过程中，始终贯穿着竞争与奋发向上的精神。包括在一般的体育游戏中，也充满着你追我赶、争强取胜的竞争。经常从事体育锻炼和体育游戏可增强人们的竞争意识和进取精神。一些集体性的体育活动，由于抗争激烈，集体配合性强，在活动中不仅要充分发挥参与者的身体机能，技术和心理能力，而且需要大家同心协力，默契配合，相互理解，才能取得一定的成效。因此，可有效地培养现代人的竞争意识与合作精神。

（六）对改善人际关系的作用

体育活动有利于学生社会交往和人际交往能力的培养。社会学家调查证明，经常从事体育运动的学生比一般学生要参加更多的社会活动和社会组织，而在这些活动中，学生的个性可以得到充分的调整和发展。体育活动是一种人与人之间的相互交往

的很好形式，是改善人际关系的良好资源。体育教学中，师生之间、学生之间交往极为密切，次数之多，频率之高，是其他学科难以达到的。这种交往不仅能传授知识、技能，促进身体发育，而且能增进相互理解，通过彼此交换意见和看法，能增强亲近感。体育教学中的人际关系交往与一般人际交往不同，它不涉及其他方面的问题与利益，不必借助更多的书面语言和口头语言，因而可使彼此间心理距离缩小，易于消除隔阂，坦诚相待，从而实现心理相容，改善人际关系。

（七）对提高适应能力的作用

体育教学内容广泛，活动项目繁多，场地器材多种多样，教学环境可变性较大，且教学方法较为复杂。在体育教学活动中，既有理论知识的讲授，又有运动技术的分析；既有动作示范、练习、帮助、又有保护、达标、技评。同时，在体育教学活动中，学生的体力、智力、情绪等都处于一个积极的活动状态，或紧张，或兴奋，可以让学生更多地体验到纷繁复杂的环境变化，逐步锻炼和培养自己对复杂多变的环境适应能力。

（八）对思想品德教育的作用

个体良好的品德形成不但与学生的理想、信念有密切关系，而且与体育等实践性较强的教学紧密联系。因此，体育教师要在钻研教材教法的基础上，明确教学目的，结合教材特点与学生实际，寓思想品德教育于体育教学和体育活动之中，注重团队精神的养成，教育学生为社会主义现代化建设锻炼身体，提高社会责任感，培养集体主义精神。注重意志品质的磨炼，发展大学生的良好个性，陶冶美的情操，培养大学生的文明行为。

第二节 高校体育教学渗透心理健康教育的目标与过程

一、体育教学渗透心理健康教育的目标

（一）科学地确定目标的意义

教学目标确定得是否科学、合理，一方面直接关系到高校体育教学内容、方法和

手段的选择与运用；另一方面又关系到高校体育课程的发展方向，影响着人才培养的质量和规格。随着体育教学改革的深化，体育教学目标已由单一的生物体育观发展到生物—心理—社会于一体的三维体育发展观。体育教学目标也从过去的增强体质、增进健康、掌握"三基"等发展到现在的开发学生身心潜能、增进学生心理健康、促进个体社会化，以及培养创新精神与创新能力等一些符合学生身心发展和社会需要的新的教学目标。体育教学作为实现学校体育教育目标的主要途径，是一种有目的、有计划、有系统的活动，其目的性、计划性、系统性主要反映和体现在教学目标上。体育教学目标是体育教学的方向和灵魂，它决定教学内容、教学过程、教学方法、教学评价和教学效果，是影响教学全局的根本问题。

过去高校体育教学目标只简单地定位于体育知识、技能的传授和体质的增强，而忽视了大学生心理潜能的开发、心理素质的培养和心理健康的维护，而这些正是它种种弊端产生的根源。因此，科学设定高校体育教学目标，将心理健康教育真正融入高校体育教学目标之中，是时代发展的要求，是推行素质教育、全面提高教学质量的需要，也是人自身发展的需要，同时，还是体育学科渗透心理健康教育，提高大学生心理素质的前提条件。

（二）科学地确定目标的要求

高校体育教学渗透心理健康教育目标的设定应做到科学、合理。具体来说，其科学性与合理性应符合以下几点要求：

1. 自然性

心理健康教育是体育教学本身所蕴含的（直接或间接的），而不是脱离教学、外在强加的。也就是说，它不是一种附庸的、牵强的，而是分内的、自然的，如果硬要贴标签式的为心理健康教育而心理健康教育，那就难以真正达到预期目标。

2. 针对性

高校体育教师要充分了解所教班集体的心理状况，了解学生的共性心理与个性心理，有差异性和针对性地设定心理健康教育目标，切不可套用相同的模式。

3. 整合性

通过体育教学达成心理健康教育目标，不应是径直的、外露的、赤裸裸的，而应是曲折的、暗示性的。简言之，心理健康教育目标的达成可以与知识技能传授同时完成，可以是在教学过程中产生心理健康教育的效果，还可以是在美的体验和愉悦中净化心灵。因此，目标的设定不宜过"实"、过"板"、过于"线性化"。

（三）认真搞好教学设计

1. 要合理选择教学方法

在教学方法方面，要根据学科内容的需要，采用多种方式，充分利用现代体育教育方法，使大学生在浓厚的兴趣下积极主动参与到学习中来，防止疲劳和厌学情绪发生。在教学目标上，要根据大学生的年龄特点，在传授知识技能时，指导大学生养成良好的学习与运动习惯，形成科学有效的学习方法和体育锻炼方法，培养创新能力和运动能力。

2. 要合理运用教学组织形式

由于体育教学需要承担一定的生理负荷，所以在教学内容、方法与教学组织形式的选择上，要考虑大学生的身体素质和心理特点，在组织形式上，采用符合大学生心理特点的形式，灵活安排教学内容的组织形式，使大学生在轻松愉快中受到陶冶。

3. 要树立正确的教学理念

教学设计时，要讲究渗透原则，即适时、适度、有机渗透的原则。也就是说，在体育教学设计中，切记唱高调，一味强调道德信仰，忽视道德行为、习惯的培养。特别是要树立以人为本、全面发展的理念。

二、体育教学渗透心理健康教育的过程

高校体育教学中渗透心理健康教育的过程就是心理健康教育在体育教学中具体的实施过程。这种渗透事实上是无处不在、无时不有的"常规工作"，因而是体育教学渗透心理健康教育的重要环节。

（一）选择恰当的模式

心理学家勒温·李皮特提出了三类领导方式，即民主型、专制型和放任型领导方式。当教师的行动更民主时，课堂心理气氛就更加活跃，其教学效果会表现得更好。

因而，民主型管理方式应该是体育教学渗透心理健康教育的首选课堂管理模式。这是因为民主型管理方式比较容易营造师生之间平等、民主、合作的氛围，易于缩小师生之间的心理距离，学生具有较高的安全感和自主性，师生之间的互动也较为自然、和谐，这样学生能从中吸取的积极的心理成分也就大大增多，资源性的心理伤害相对减少，因此，有利于大学生的心理成长和心理健康。

（二）营造良好的心理氛围

课堂心理氛围是指班集体在课堂上的情绪、情感状态，这种状态是学生接受教与学的最重要的心理基础，进而构成影响学生心理健康的潜在教育因素。美国教育心理学家华尔特（Waller）曾指出："教师工作本质上就是推销工作。因为教师要想方设法说服学生，使他们相信教师所传授的这一学科是具有价值的，是值得学习的。"为此，在课堂教学中，教师应在坚持愉悦性、激励性、差异性和支持性等课堂教学的心理卫生原则的前提下，着力于通过精心组织教学内容、积极改进教学的心理卫生原则的前提下，着力于通过精心组织教学内容、积极改进教学方法、精心设置问题情景等引发学生的兴趣，寓教于乐，鼓励成功，通过平等、民主、合作的师生关系带动课堂的良好气氛。同时，要大力优化教学情景，建立宽松、和谐的师生关系，使学生在愉快、有安全感、没有太大心理压力的课堂气氛中去学习与锻炼。只有这样，课堂教学才有助于学生形成积极的学习态度，正确的学习动机、愉悦的学习情绪并保持高度的学习注意力。

（三）形成有效的管理

形成有效的课堂管理则是操作性的，这种操作涉及课堂秩序的建立、课堂活动的组织与反馈、课堂中的鼓励与批评、表扬与惩罚、课堂中学生行为问题的处理等诸多问题。这些方面的有效管理也是落实课堂教学中渗透心理健康教育的重要途径。比如，在课堂秩序建立方面，埃默（Emmer）等人对有成效和成效差的教师进行了对比研究，结果发现这种差异对学生的行为、成绩有明显的影响。此外，无数教育实践已证实，教师在课堂上如何使用以及能否正确使用奖励与惩罚手段、教师能否使用恰当的策略处理学生的课堂行为问题等，都会对学生的心理成长和心理健康产生各种不同程度的影响。因此，教师应在正确的学生观的指导下，充分利用心理学与教育学的有关原理和知识，努力形成促进学生心理健康的行之有效的课堂管理方法。

（四）构建大学生良好心理素质的体育教学体系

（1）以课堂教学为基础，提高体育课程在培养大学生心理品质上的实际效果。在理论课程设置上，应增加"心理健康与心理保健"、"心理健康评价"、"身心健康理论"等课程，使学生获得基本的心理知识，为提高心理素质奠定理论基础。在实践课程设置上，也必须把培养大学生的心理品质作为重要目标，赋予每一门实践课程以培养学生心理品质的功能，如通过健美课程，使学生感受到青春活力和生命的蓬勃，增强自信心；通过篮球、排球、足球等具有群体性的课程，培养学生的集体荣誉感，增强团结合作意识；通过跨栏跑、三级跳远、撑竿跳等一些高难度的课程，培养学生迎接挑战的信心与勇气；通过铅球、铁饼等体现力量美的课程，培养学生吃苦耐劳、顽强拼搏的意志。体育教学中，要达到促进学生心理健康的教学目标，教学方法和组织形式的选择运用是关键。以往教师在教学的过程中，关注的是学生体育技术、技能的掌握情况，忽视的是学生心理素质的培养。因此，必须改变这种以教师为主体的灌输式，只注重技能教育目标忽视心理教育目标的单一性的教学方式。应把培养学生的心理品质考虑进来，在教学方法和组织形式的运用上，要多为学生提供主动参与的机会，引导学生积极主动参与体育教学，为每个学生提供自我表现和发挥创造力的机会。要多让学生体会到体育课程的乐趣，体会到成功的满足感和成就感。为此，要尊重学生的个体差异，坚持因材施教、分层教学，让处于不同层次、不同水平的每个学生都能体验到运动的快乐和成功的自豪感，特别是让那些身体素质较差、心理素质较弱、容易自卑的学生多体验到体育运动的乐趣和成就感，使他们走出阴影，增强自信心，把体育课程中获得的自信心带入到学习、生活的各个领域，使身心素质都得到明显改善与提高。

（2）以课外活动为依托，发挥各类体育活动在培养大学生心理品质上的积极作用。体育教学中大学生体能的增长和心理健康水平的提高，仅靠每周的体育课程是难以实现的，它需要学生积极参与体育锻炼和课外体育活动，参与各类体育竞赛，因此需要课内与课外紧密结合，校内与校外紧密结合。

（3）重视体育教学在课程资源开发与利用中的积极作用。课程实施是课程开发与利用中重要的一环，体育教学活动作为体育课程实施的主要途径，无疑在课程资源的开发与利用过程中起着不可忽视的作用。因此，要关注作为整体教学的实际运作，重视体育教学在课程资源的开发与利用中的积极作用。这就要求教师在教学中，结合学校的实际和学生的经验与体验，依据一定的目的对课程资源进行选择、组合、改造与创造性加工，从而使课程资源的开发与利用落实到体育教学的层面上。

（4）对课程资源进行挖掘，扩充体育教学内容。体育教学中体育教师要尽量发掘和利用贴近学生社会与现实生活的体育素材，从课程资源中挖掘出更加丰富的内容，引导学生将书本知识转化为实践能力，使学生从生活中受到相应的教育。一方面要建立合理的教材结构，总结旧教材的优缺点，为新教材提供经验支持；另一方面要因地制宜地根据学生的情况和教学任务选用和创编教材，延伸教材。民族传统体育和民间体育活动项目，都是体育与健康课程应当大力开发和利用的宝贵资源。开发利用和挖掘民族传统体育，不仅可以弘扬民族文化，振奋民族精神，而且能够丰富教学内容，活跃课堂气氛，增进学生的身心健康。

（5）加强信息技术与体育教学的整合。现代信息技术与体育教学的整合，既是现代体育教师应具备的基本能力，也是充分利用现代体育教学资源的重要途径。图书馆藏有大量的体育图书、体育历史资料，他们包含大量的有价值的体育知识和技术；网络能提供新鲜的体育新闻，最新体育动态，而且网络上有许多真知灼见的体育评论，也有实用的体育健身知识、运动处方；多媒体能有效地宣传体育，辅助体育教学。比如，武术套路，篮、排、足的攻守技术，都可以利用多媒体进行教学。这些课程资源的开发和利用都会丰富体育课程内容，优化体育课程，促进体育课程的发展。

第三节　高校体育教学渗透心理健康教育的内容与方法

一、高校体育教学渗透心理健康教育的内容

（一）体育学习心理教育

提供优质的体育学习心理教育旨在协助大学生开发体育学习潜能，掌握科学的学习方法与策略，增强体育学习的效果，纠正不良的学习心理与行为习惯。

1. 体育理论常识教育

大学生活泼爱动，有很强的求知欲望，正处在青春发育的关键时期，学校体育应

开设基础运动心理学。公共体育课应在对学生进行体育知识传授的同时，讲解一些国内外的体育形式、体育新闻、竞赛和裁判（规则）知识等。增设体育保健、体育卫生、体育锻炼中的自我监督与评价及心理健康知识方面的内容。普及体育常识，对学生进行心理健康教育，让学生了解心理健康的重要性，提高自己的调节和自控能力。

2. 学生兴趣培养教育

兴趣是力求探索某种事物或进行某种活动的倾向，对于人的认识和活动都有着非常重要的作用。兴趣作为一种自觉的动机是学生从事活动创造性发展的重要条件。学生的学习兴趣一经被激发，从生理上、心理上得到某种满足，他们就会产生聚精会神的注意、兴奋及坚强的意志力。作者在教学中发现学生每次上课时，开始惰性很大，情绪低落，跑起步来腿沉重地拖在地面不愿抬起，于是作者在做准备活动中选择一些和教学有关的趣味性体育游戏，培养学生的体育兴趣，调节教学氛围，以改善学生的心理环境，使学生的情绪逐渐被调动起来，达到了良好的教学效果。教师应不断地改进和创新教学方法和手段，启发和引导学生发现问题和提出问题，激发他们的思维活动，使他们带着求知的渴望和明确的目标用"心"去学。同时在教学中应充分发挥学生的主体地位，挖掘学生好动的天性和跃跃欲试的好动心理，抓住学生掌握动作后的自我欣赏、自我表现的欲望，及时恰当地给予评价，让学生体验到成功的喜悦和运动的快乐，使学生积极主动地参与到教学活动中，充分表现自我，从而激发兴趣，调动学生的积极性。

3. 培养适度的体育学习心理状态

教师在体育教学中针对大学生所产生的心理活动及行为表现的变化，实施心理激励调控和暗示调控，使大学生形成一种兴奋、好学的心理状态，从而诱发其内部"能源"，最大限度地调动和发挥他们体育学习的积极性、主动性和创造性，增进学习效果。

4. 开发运动技能

主要通过良好的学习行为和心理能力的训练来实现。其操作程序包括：提出要求，执行要求；重复练习，以熟练、自然、自觉为目标；正面引导，积极提供学生效仿的榜样；督促检查，帮助学生克服不良的学习习惯。

5. 开发学习动力调节系统

通过课程目标设置、创设情境、归因教育、积极反馈、价值寻求等方法，激发大学生参与体育学习、体育锻炼的动机；通过成功教学法、愉快教学法、需要满足法、兴趣教学法等，培养大学生参与体育的意识和兴趣，从而转变或改善大学生的体育态度，养成体育锻炼的习惯，使大学生喜爱体育，形成良性的体育心理状态。

（二）情绪、情感的调控教育

情绪与情感是伴随着认识活动而产生的一种心理活动过程。良好的情绪情感教育对促进人的品德、认知的发展，以及促进身体健康成长具有积极的作用。反过来说，体育活动对人的情绪调节、情感的发展也具有积极的影响。

情绪是衡量体育活动对心理健康影响的最主要的标志，也是人的自然需要是否得到满足而产生的一种态度体验。情绪几乎与人的所有活动都有联系，对人的行为活动起到很大的调节作用。体育活动能直接给人带来愉快和喜悦，并能降低人们的紧张与不安，从而调控人的情绪，并达到心理健康的目的。研究发现，中等以上负荷强度的运动可以减少情绪上的负担，甚至能减轻或消除情绪障碍。例如，通过体育活动与体育比赛，可以合理宣泄不良情绪，消除心理紧张，放松身心，调节心理状态，维持心理平衡。又如，参与跑步者在跑步过程中会出现一种情绪高潮，有人称之为"体育锻炼快感"。即在跑步中出现良好的身心状态，自身与情境融为一体，动作轻松，忘却自我，充满活力，超越时空障碍，在跑步后有全身放松的舒适感觉。体育运动能给人带来不同的心境，如主观良好感、兴奋、焦虑、紧张、自信等变化，在这个过程中，参与者能获得良好的心理效应和感觉。

在体育教学中，教师应当首先了解学生对自己从事某运动项目能力的最初评价，然后通过训练让学生更加客观地了解自己、评价自己，消除自大、自卑、抑郁等不良的情绪状态，从而形成适度的人生定位和自我概念。另外，在运动锻炼中总会不可避免地遭遇失败，面对失败，如何从中吸取经验教训，从失败的阴影中走出来，是每位学生必须体验的心路历程。体育教师在学生遭遇失败时，除了要给予一定的技能指导和及时的支持鼓励之外，更重要的是要教会学生自我激励，培养学生不要放弃和坚持不懈的意志品质，比如言语暗示"我能行，我肯定能行"，"这没有什么，只要我再坚持下去就没有什么好怕的"，等等，从不断地失败、又不断地战胜失败的过程来磨砺学生的意志，通过"尝试错误"来促进自我发展，以提高大学生的挫折承受能力。还有，大学生在日常的学习和工作中，面对困难和挫折，总会或多或少地产生各种负性情绪，而负性情绪若积累过多，无法宣泄，势必影响人的身心健康。体育运动是宣泄负性情绪的重要方法，是合法且最不具破坏性的途径。因此，大学体育教学中，特别是对于高年级的学生，应当适当安排一些激烈程度较大、学生感兴趣的竞争性强的比赛或游戏，通过其活动使大学生抛弃一切挫折烦恼，尽情地发泄，然后以更加饱满的热情、积极的心态投入到学习、生活中去。

在高校心理健康教育中，为了实现培养学生的社会性情感品质和增强其情感调控能力的情感教育目标，情感教育的内容应包括三个层次的内容：①情绪控制，即使学生学会控制激情方向、创造良好心境和锻炼应激能力；②情感引导，即将学生的热情和迷恋引导到有利于身心发展的方向上；③情操养成，即培养学生的道德感、理智感和审美感等。

（三）意志品质的培养教育

培养良好的意志品质是高校心理健康教育的重要目标，高校心理健康教育的目标是帮助学生提高承受挫折的能力，培养良好的意志品质，即培养意志的独立性、果敢性、坚毅性和自制力等品质。

体育是以克服一定的困难和障碍为特征的身体活动。体育运动常常意味竞争，意味着达到某一级运动水平或体育锻炼标准，而这一过程则要求学生付出努力与汗水。体育活动的激烈与艰辛，使参与者必须承受一定的生理负荷和心理负荷，能磨炼人的意志，并为之付出极大的努力。

在体育教学中，通过体育锻炼培养学生自觉性和主动性，果断性和勇敢顽强的意志品质，首先就要为学生确定科学的目标，根据学生的体质现状，素质能力等实际情况，采取相应的教学方法和手段，每次练习都要讲求实效，使学生看到自己的进步，增强克服困难的自信心。其次要严格要求，在向学生提出要求时，指标必须明确合理，态度严肃认真，这样有利于激励学生完成任务，同时注意准确把握其心理状态和不同个性特点才有可能被学生所接受和理解，把目标转化为学生的自觉行为，从而克服困难，排除障碍完成任务。第三要善于利用教材的特殊性来磨炼学生的意志，比如耐久跑能锻炼学生的顽强、持久的意志品质，体操能培养勇敢果断的作风，球类比赛能培养学生的独立个性和团结奋斗的集体主义思想，提高应变能力等。

二、高校体育教学渗透心理健康教育的方法

（一）科学地设定体育教学目标

体育教学作为实现高校体育教育目标的主要途径，是一种有目的、有计划、有系统的活动，其目的性、计划性、系统性主要反映和体现在教学目标上。体育教学目标是体育教学的方向和灵魂，它决定教学内容、教学过程、教学方法、教学评价和教学效果，从而影响教学全局的根本问题。

在"应试教育"大环境下的体育教学目标只简单地定位于体育知识、技能的传承和体质的增强，而忽视了学生心理潜能的开发、心理素质的培养和心理健康的维护，而这些正是它种种弊端产生的根源。因此，科学设定体育教学目标，将心理健康教育真正融入高校体育教育目标之中，是体育教学渗透心理健康教育，提高学生的心理素质的前提条件。

（二）结合体育教学内容，加强学生心理健康教育

在教学活动中，结合体育教学内容，激发学生参加体育活动的热情，培养学生对体育活动的兴趣，调动学生学习的积极性，发展学生的智力，锻炼学生的意志品质，促使学生形成健康的情绪，以及提高学生的交往能力和环境适应能力。

（三）结合体育运动项目的特点，培养学生良好的人格品质

在体育活动中，结合体育锻炼项目的特点，加强心理引导，纠正学生的心理缺陷，培养良好的人格品质；结合体育运动竞赛活动的特点，培养学生的竞争意识和团结、合作与进取的精神。因为，对于学生自身来讲，保持心理健康的一个重要途径是注意培养自己良好的人格品质，防止心理障碍与心理疾患的产生。

（四）构建良好的校园体育文化氛围，创造健康的教育环境

良好的校园体育文化氛围，丰富的体育文化活动使人心情舒畅，精神振奋，态度积极，生活充实。因此，在高校体育中，开设体育选修课，成立大学生体育俱乐部，开展校际间体育的交流，创造良好的校园体育文化环境，为大学生成长创造良好的教育与生活环境。

（五）加强体育教师的人格、德行修养，提高心理健康教育水平

加强体育教师的人格、德行修养，提高教师的心理健康教育能力与心理咨询、辅导水平，建立一支自身心理健康，懂得教育心理学专业知识，掌握心理辅导技巧和方法的体育教师队伍，这是高校体育开展心理健康教育，提高学生心理素质水平的有效方法与手段。

（六）提高大学生心理素质的教育方法

（1）确定教育目标，激发学生的求知动机。大学生的求知动机是推动学习活动的动力，对学习效果起着极其重要的作用。在体育教学中，如果针对大学生学习体育的心理行为特征确立体育教育目标，就能充分调动学生学习体育的积极性。在确定教育目标时，教师不要确定标准过高，甚至实现不了的目标，以免挫伤学生积极学习的心理。要向学生阐述学习体育的意义，把近期学习需要与将来从事工作的需要目标联系起来，把课堂体育教学与课外健身锻炼联系起来，把运动竞赛与维护集体利益联系起来，这样能有效地调动学生生理与心理潜力，促进学习成绩的提高。另外，进行目标教育要充满竞争活力，多用正误对比、经验交流等形式，鼓励学生的求知欲望，以此帮助他们形成持久的正确学习动机。

（2）利用新异刺激，培养学生的能力。心理卫生学认为，大多数人都有心理上的"异性效应"，尤其是青年人更易在异性面前表现自己的聪明才能，努力克制和战胜自己的弱点。所以在体育教学时，教师应根据不同内容组织男女合练。如上体育舞蹈课时可组织男女生对练；上田径课时可组织各种形式的跑、跳、投等练习；教学比赛时可让男女学生混合组队比赛，这样可使大学生在异性面前抑制自己的不良行为，弘扬良好的思想品质，培养并发展他们健康向上的人格。体育教学必须紧密地与健康教育相结合，对健康教育的重要性、必要性和紧迫性应引起高度重视，构建以学生为主体，以增进学生身心健康为核心的课程体系，改变传统以竞技体育为中心的体系，注重教学内容的娱乐性、健身性、文化性和兴趣性，通过体育的特殊功能，增进大学生的心理健康水平。

现代体育教学不仅是体育知识、技能的传递过程，而且也是一种情感的交流过程。课堂知识、技能和情感在师生之间的双向流动，可以导致师生双方思想的共鸣。教师

要抓住体育教学过程的这个特点，努力创设良好的教学情境。我们在选择教学内容和教法时，要考虑学生的体育兴趣、爱好和认识水平，注意突出一个"新"字。因为新异事物可以引起学生的探究反射，便于学生对体育知识、技能产生更高水平的定向。如果体育教学内容和方法枯燥乏味，长时间的单一刺激，易使学生引起超限抑制，会让学生产生逆反情绪，降低学习兴趣。只有采用新颖、实用、丰富的体育教学内容，生动、多样、活泼的教法，才能引起学生的注意，使学生不断地获得新的体育知识、技能。比如：在发展学生的下肢力量素质时，就可围绕活动身体这一部位的任务，创造出多种发展下肢力量素质的练习形式。这就要求体育教师不断更新知识，了解本学科发展的前沿，争取把最新的体育知识、技能带进课堂，运用体育知识教学的言语之趣、技术动作之趣、游戏和竞赛之趣来启发学生练习、思考、探索，努力培养学生的创造能力。

（3）采用教学比赛，培养学生的意志。体育比赛不仅是学生身体和运动技能的竞争，而且更是双方心理、智慧和意志的较量。激烈的拼搏需要学生身体、认识、情感、意志等方面综合发挥内在力量进行工作，显然，它可以促进学生心理品质的发展。例如：在排球比赛中，某队学生为了争取主动，在对方采取多变战术强力进攻的情况下，必须千方百计地运用耐力、速度、协调、灵活等素质，动员全身的力量来努力获得竞赛中的优势。与此同时，心理因素、特别是意志的力量起着巨大的积极作用。比如说，意志的坚定性、果断性、勇敢、自信、自制力等的影响，使行动计划付诸实践。没有坚强的意志，就不会在艰苦、紧张的比赛中保持旺盛的斗志去争取比赛的胜利。因此，运用教学比赛是发展学生意志品质的最佳手段。

（4）巧用注意方式，调控学生的情绪。学生在体育活动过程中能调节和控制自己的情绪，用理智驾驭情感，而不做情感的俘虏，这是良好心理状态的表现。对正常的情绪可进行适当合理的宣泄，对不良情绪要控制。如在挫折面前，以对事物的理性认识来控制，以其他有意义的活动来转移注意力，使情绪缓解。在失败面前对自己宽慰以减少内心的失望，或以幽默的方式来超然洒脱地对待窘迫尴尬的场面。另外，当学生在运动练习中情绪波动而产生心理紧张时，要教育学生摆脱心理压力，使学生适当休息与放松。例如：采用心理自我调节训练，就是帮助学生进行心理与身体放松的好方法。

（5）运用迁移规律，培养学生良好的个性。体育学习迁移指的是在体育教学中把学生已经学到的知识、技能以及方法、态度等对学习新知识、新技能的形成产生积极影响。例如：在篮球课中，当学生学会了双手胸前传球之后，就比较容易学会双手胸前投篮动作；如果学生已经掌握了联防战术，再学区域联防战术时就显得容易。这种运动技能的迁移现象叫做正迁移。反之，已经掌握的体育技能对学习新技能的形成发生消极影响，阻碍新技能的掌握，就称为技能的干扰，又叫负迁移。在体育课上，教师正确运用技能迁移规律有助于顺利地完成教学任务。个性是学生精神面貌的具体表现，它的形成依赖于先天遗传因素，但主要还是靠后天的生活环境去培养和发展。每个人的生活情况不同，学生在心理上的个性表现也有差异。体育教学环境本身能够为学生提供发展良好个性品质的有利条件。例如，教育活动的内容不同，可以培养学生不同的个性能力。像运动感知觉能力、观察分析能力、注意力和丰富的想象力以及比赛情况下所形成的特殊性格特征、自信心、稳重、冷静、机智勇敢、协同作战等。这些都是促进学生个性发展的重要因素。

在体育教学中，运用迁移规律培养学生的个性品质，可以借助于其他活动的心理动机，促使学生对体育产生直接兴趣；可以利用某学科的专业活动需要依赖体育的关系，把学习心理迁移到体育运动上，来重点发展学生的身体素质；可以运用体育技能之间相互作用的正迁移规律，来培养学生的体育个性品质。类似这样的做法，我们只要掌握大学生心理和生理活动规律，积极进行科学教育，严格管理，就能有效地提高体育教学质量。

体育教学中加强培养和健全学生自尊自信、沉着果断、坚韧顽强、团结合作、开拓进取等品质，促进个性完善与人格健全，预防形成不良的心理品质，将体育与德育教育融为一体，充分发挥体育教师自身的言传身教作用，通过大学生自我心理活动与体验来教育培养，可采用自我说服法、锻炼体验法、榜样教育法、创设情境法、愉快体育法、游戏竞赛法等。将此法在实际教学中加以应用，可激活学生心理能量，优化心理环境。加强意志力的培养，在体育教学中可采用疲劳负荷法、竞赛提高法、自我强化法、日常教育法等来加强大学生个性心理品质的培养。教师可根据不同项目，从不同层次和角度促进大学生个性心理的健康发展。如田径、体操运动能提高学生坚韧、自制、果断、勇敢等意志品质；球类运动有利于学生形成爱集体、守纪律等优秀品质，并能在日常生活中与人和睦相处，在学习和工作中能密切合作，克服个人主义，增强集体观念。

（七）体育教学中心理健康教育的实施方法

1. 讲授法

讲授法是通过语言或借助其他手段把心理发展知识传授给学生的方法。讲授不仅是口头讲解，在高校体育教学中还包括多种不同的方式，比如运用各种形象直观的手段：影视、录像、幻灯片等。讲授也不能简单地理解为教师讲、学生听，高校体育教学中渗透心理健康教育必须特别注重教育者与受教育者的双向交流和沟通。教师在讲授中要充分运用谈话、讨论等多种方式来进行，这样才能取得理想的效果。

2. 心理训练法

心理训练的方法是指在教师的指导下，学生练习、实践、锻炼的方法。人的心理品质并不只是表现为对心理的"知"，更重要的是表现在实际活动中的各种心理活动能力。因此，心理品质的形成和心理潜能的发展，都离不开实际的心理训练。在高校体育教学中，针对不同心理品质的培养，可以采取不同的心理训练方法。智力训练、创造性思维品质的培养可以采用"智力竞赛法"、"具体激励法"等；情感的培养则可采用"移情训练"、"榜样示范"等；意志品质的培养可以采用"耐挫折训练"、"自我调控训练"等；不良心理品质的矫正，可以采用"行为矫正"等不同的训练方法。

3. 陶冶法

陶冶法是指那些在潜移默化中影响学生心理品质的方法。具体表现在两个方面，一是高校体育教师将自己的教育意识投射在物质环境中，也就是说，通过有利于学生心理发展的物质环境的创造来陶冶学生的心理。二是高校体育教师在学生集体中努力创造良好的心理气氛来陶冶学生的心理，这主要可以通过活动来进行，良好的心理氛围必须通过健康的活动表现出来。

4. 激趣法

教师要善于运用能激发兴趣的教学因素，激发学生的学习兴趣。学生对体育教学的兴趣和喜爱程度及其从体育活动中获得愉快的情感体验是增强身体活动心理效果的重要因素。如果学生从事的是自己不感兴趣的活动，那就很难获得良好的情感体验。因此，运用多种生动活泼、形式多样的教法手段，激发学生的兴趣，让学生在体育教学中体验到快乐，使他们爱上体育课，这对具有强迫症和抑郁症的学生，能够起到较好的缓解与调节作用。

5. 沟通法

体育教师要深入学生中，尽可能地同学生一起参加各项体育活动，创造新型、融洽的师生关系，使学生充分信任体育教师，愿意跟教师进行沟通。这利于学生保持愉快的心境。

6. 互助法

实践证明，个体所以为群体所吸引，主要是群体认同、社会强化、竞赛刺激及参与活动等因素。体育教师在教学中有意识地让学生相互交流，互帮互学，营造一个融洽的人际关系和良好的教学氛围，对学生的不良心理具有良好的治疗作用。

7. 疏导法

学生有了逆反心理，教师要主动与之接近，疏通感情，了解产生抵触情绪的原因，然后因人施教，对症下药。

8. 竞赛法

心理学研究表明，当自己的能力适应任务挑战时，人的愉快就会产生。如果缺乏挑战，就会使人产生厌倦感。相反，任务太富有挑战性，也会导致个体焦虑，甚至产生挫折感。因此，人的能力适应挑战性是人产生快乐并坚持活动的重要原因之一。有抑郁、焦虑等不良心理的学生其运动能力也往往较差，教学中要注意调整形式，让活动的形式适应不同运动能力学生的心理需要，使有抑郁、焦虑心理的学生也能体验到成功的快乐。

9. 冷却法

当学生产生了逆反心理，情绪强烈动荡时，教师必须制怒，保持常态心理，对事情做出清醒的分析和理智的判断，找出正确解决矛盾的途径。再把说服工作的重点放在平静学生的心情上，以尽快恢复其理智，切不可在学生情绪上来时"针尖对麦芒"使矛盾激化。

10. 温暖法

学生出现逆反心理，教师采取尊重、理解、关怀、鼓励和信任的态度，帮助其明辨是非，正确地控制和调节自己的行为。对曾在体育运动中有过某种挫折，内心受过不良刺激的学生，教师需要关心爱护他们。同时，在全班创造相互关心，助人为乐的良好风气，使他们不断增加战胜困难，克服挫折的信心。

11. 鼓励表扬法

对于体育差生的微小进步都要及时给予肯定和表扬。充分利用学习成绩的反馈作用去鼓励学生，增强他们克服困难的信心，正确对待自身不足，从而消除自卑心理。对学生提出的练习要求要适当，教学内容和形式，要充分考虑学生的个体差异，定出不同的期望目标，使学生体验到成功的欢乐。

12. 规则法

体育教学中合理、及时运用竞赛这一形式，能激发学生的热情。使用此方法时应注意平衡竞争对手，可适当改变些条件，制定特殊细则，从而有效地增强竞争意识。

13. 诱导法

对于部分身体素质差，接受能力慢的学生，教师要循循善诱，使之能正确对待自己，摒弃自暴自弃的不良思想。首先，使其懂得只要主观努力，方法得当，就能将自身的运动潜力挖掘出来。其次，对运动技术的要求可适当放宽，使其不断尝到成功的喜悦。并引导他们在练习中扬长避短，逐步发展身体素质，提高运动技术水平。

14. 感染法

有一些技术动作，尽管教师做了示范，但有的学生心里还犯嘀咕，不相信自己也能完成这一技术动作。这是不好的自我暗示。教师除启发、鼓励学生的信心外，还可选择有代表性的同学带头去做练习，当他们成功完成这一技术练习时，能很快消除这部分学生的心理顾虑，增强其完成动作的自信心。

（八）体育教学中心理暗示的方法

1. 心理暗示训练的时机

运动心理学研究表明，以下几个时机运用心理暗示训练可以取得较好的效果：

（1）当学生或运动员学习难度较大的技术动作，产生紧张、焦虑和畏难情绪时，可以采用暗示语使他们逐渐放松和保持镇定。

（2）当学生或运动员出现错误动作而且难于纠正时，可以用暗示语帮助他纠正错误动作。

（3）当训练内容枯燥、乏味，学生或运动员缺乏兴趣、感觉厌烦时，可以用暗示训练鼓舞情绪，唤起学生或运动员的学习兴趣。

（4）当学生或运动员感到疲劳、情绪低落时，教师可以采用暗示训练，提高他们的情绪水平，并强化意志品质。

（5）当学生或运动员的技术动作学习还没有达到动力定型的程度时，可以采用暗示语配合动作练习强化他们对技术动作的学习，巩固和加速动力定型的形成。

（6）当学生或运动员注意力分散时，采用暗示训练帮助他们及时集中注意力于当前任务。

（7）当动作操作需要发力时，可以采用暗示训练，提示动作的发力时间点以及发力强度，帮助学生或运动员快速掌握发力的技巧。

2. 心理暗示的种类

心理暗示的种类有如下几种：

（1）自我暗示。自我暗示是指让学生或运动员自己用一定的暗示语言调节本体植物性神经系统机能，使自己心理和肌肉状态能更好地完成运动任务的要求。自我暗示靠学生或运动员自己多次重复词语或一定暗示短语来实现的。例如，在比赛中运动员感到非常疲劳时，可以通过暗示自己"坚持、顶住"，来增强意志力，从而渡过难关。

（2）表情和体态暗示。表情和体态语言是体育教师或教练员与学生或运动员进行沟通知识、技术和情感的良好媒介。心理学研究表明，表情和体态语言在人际交往中传递了绝大部分的信息。例如，体育教师或教练员可以用赞许的表情，鼓励那些因胆怯而不敢做动作的学生或运动员；用皱眉和摇头表示学生或运动员完成的动作仍需改进；有节奏地挥舞手臂，来向学生或运动员暗示整套技术动作的节奏和韵律。

（3）环境暗示。体育教学与训练的环境直接影响着学生或运动员的学习效果。体育教师应该科学合理地布置教学场地，因地制宜地设计安全、舒适的教学场馆。例如，体育教师或教练员可以应用颜色对人的暗示作用，用红色等暖色调布置训练场，以提高和调动学生或运动员的情绪唤醒水平；使用绿色和蓝色布局，可以使学生或运动员更加镇定。

（4）标志暗示。在体育教学与训练中，标志暗示即可以帮助学生或运动员形成良好的技术动作，提高其技术、战术意识，而且还可以帮助他们产生适宜的心理准备，例如，在排球场地的不同区域用数字编号，以暗示和提高攻球队员攻球变化性。

（九）体育教学中心理学评价的内容与方法

体育教学中心理学评价的基本观点是以人为本，以尊重学生的人格为前提，注重学生的身心发展，培养学生的自尊和自信，淡化学生之间的比较，帮助学生学会与学习目标和自己的过去进行比较，并在比较中客观地了解和评价自己，在教师指导下设置合理可行的学习目标，从而为全体学生的自主学习创造机会和条件。体育教学中的心理学评价的目的是了解学生在体育学习过程中的心理活动及其行为表现，分析原因，发现学生的潜能，为学生提供展示自己能力、水平、个性的机会，使他们体验到成功的乐趣，增强信心，提高自我认识、自我教育、自我发展的能力，从而获得进步和发展。因此，体育课堂学习过程的心理学评价的主要目的是激励性和发展性。

体育教学中心理学评价的激励目的是根据体育教学的要求，让学生通过对自己的体能、运动技能、学习态度、情意表现、人际关系、健康行为等方面的情况有清醒而正确的认识，使学生发现自己的进步和发展的潜力，激发参与体育活动的积极性，获得体育学习的成就感和自信。这种评价是面对每一位学生的评价，指向学生的学习进步和努力方向。

体育教学中心理学评价的发展目的是使学生认清其学习上的困难和症结，帮助学生对取得学习的进步，调动学生积极向上的内驱力。这种评价也是面向每一位学生的，评价指向学生的学习困难和前进方向。

1. 体育教学中心理学评价的内容

体育教学的心理学评价内容主要是评价学生在体育学习过程中的学习态度、情意表现、交往能力与合作精神及其行为。

（1）体育学习态度。学习态度作为一种对待学习的内部状态，它影响着人对学习活动的选择，包括性质（方向）和程度两个维度。性质是指正确与错误、好与不好。每一种学习态度又有程度深浅、强弱的差别。学习态度的评价主要包括参与体育学习的积极性、为达到目标主动思维的自觉性和反复练习的主动性、运用所学知识和技能的灵活性等。

（2）情意表现。情意表现包括学生在体育学习中表现出来的情绪状态和意志品质。情绪表现主要包括学生在学习过程中对体育学习与活动的自信程度，在实现体育学习目标中的成功体验程度，在体育学习中的情绪稳定程度，运用体育活动中手段较好调控自己情绪的应用程度等。意志品质主要包括学生在体育学习中克服主观和客观困难时表现出的勇敢性、果断性、独立性、坚韧性和自制性等。

（3）交往能力与合作精神。交往能力与合作精神具体表现为理解和尊重他人，与同伴一起分析和处理体育学习中遇到的困难和问题，努力承担在小组学习和练习中的责任，与同伴齐心协力取得集体成功，以及遵守规则和尊重裁判等。

2. 体育教学中心理学评价的方法

体育课堂学习目标是在"过程"中完成的，学习态度、情意表现、交往能力与合作精神必须在"过程"中进行评价，否则毫无意义。因此，评价的方法必须多元化，集诊断性评价、形成性评价和终结性评价于一体。

在具体的评价方式上，学生的体育学习态度、情意表现、交往能力与合作精神可采用观察（行为记录法、评定量表法）、口头评价等方法。

（1）观察。是在自然的教育场景下，教师观察学生的行为表现，并加以评定的一种方法。在观察过程中，学生处于正常的活动之中，没有（或较少）产生任何压迫感，所收集的资料自始至终都是自然、真实的常态表现。因此，观察法可被用来客观地评价学生的学习态度、情意表现、交往能力与合作精神等。运用观察方法应有周密的计划，并随时记录。常用的记录方法有行为记录法和评定量表法。

①行为记录法。行为记录法是指教师通过对学生学习行为表现的观察，并随时做记录，这可用于评价学生的心理发展。这些学习行为表现反映出学生对学习的态度、兴趣、情绪、意志、交往能力与合作精神等心理特征。教师将学生的学习行为随时记录下来，可采用横向评价的方法（比较同一组学生的心理特征异同），也可采用纵向评价的方法（过一段时间，再比较某一学生或某组学生在心理特征上是否发生变化）。②评定量表法。评定量表法是对各种行为的性质、特点，分别列出几个程度，用文字加以表述，从而形成评定量表。评定量表的设计分为两个部分，一是所要评定的该项行为特征的名称，二是评定时用的分点说明语。观察时，教师从这几项不同的描述中，选择与学生行为表现相符的一项，标上记号，并据此分析学生的行为特征。

一般来说，在使用评定量表法时，如果教师确定的行为特征过于抽象，就不好判断。因此，选择行为特征时应考虑可观察的外显行为，避免一些抽象术语，如同情心、自卑感、愧疚感等。

（2）口头评定。口头评定就是教师运用口头语言对学生在体育学习过程中的学习态度、情意表现、合作精神等方面进行评定的方法。由于语言是人类交际的最普通的工具，也是体育教学中最常见的行为活动。因此，口头评定是体育课堂学习过程的心理学评价中最常见的方法，也是自己评定和同伴间互相评定的一种手段。

（3）口头评定的用语要清晰、简洁、准确、生动、条理清楚、重点突出，并注意语言表达时的体态举止和面部表情动作，以便唤起和保持学生的注意状态和兴趣，启发学生的思维。

参考文献

［1］上官福忠. 普通高校体育教学改革的理论与实践研究［J］. 当代体育科技，2020，10（14）：177-178，180.

［2］任鹏. 关于"互联网+"背景下高校体育信息化教学改革的研究［J］. 当代体育科技，2020，10（30）：181-183.

［3］王海鑫. 基于学生兴趣培养的高校体育教学改革路径探索［J］. 文体用品与科技，2019（20）：99-100.

［4］刘楠. 我国高校体育教学改革的影响因素及其发展对策研究［J］. 文体用品与科技，2019（22）：131-132.

［5］陈婧. 创新教育理念下的高校体育教学改革探究［J］. 教育观察（上旬），2019，8（7）：4.

［6］李明. 试论终身体育思想对高校体育教学改革创新的影响［J］. 陕西教育：高教版，2017（12）：22.

［7］符巍. 浅析多媒体技术在高校体育教学改革创新中的应用构建［J］. 当代体育科技，2017（22）：12.

［8］芦琳. 浅谈在高校体育教改中创新素质培养的价值［J］. 体育时空，2016，（009）：84.

［9］薛俊. 试析高校体育教师教学行为改革创新［J］. 河北体育学院学报，2016，17（001）：42-44.

［10］马金凤. 我国高校体育教学改革探讨［J］. 山东体育学院学报，2014（30）：105-107.

［11］徐伟. 高校校园体育文化建设及其育人的内在机理分析［J］. 北京体育大学学报，2015（1）：94-99.

［12］孟祥增，刘瑞梅，王广新. 微课设计与制作的理论与实践［J］. 教育科学文摘，

2014（6）：95-96.

[13] 张珂，仲卫朋. 微课在高职院校体育教学中的应用［J］. 当代体育科技，2018（8）：106，108.

[14] 徐勇. 微课教学在高职体育课程教改中的应用［J］. 科教导刊：电子版，2017（1）：200.

[15] 曲宗湖，杨文轩. 学校体育教学探究［M］. 北京：人民体育出版社. 2000.

[16] 李元伟. 科技与体育—关于新世纪体育科学技术发展问题［J］. 中国体育科技，2002，38（6）：3-8，19.

[17] 徐本立. 运动训练学［M］. 济南：山东教育出版社，1990：228.

[18] 王智慧，王国艳. 体育科技与体育伦理辨析［J］. 体育文化导刊，2016（6）：146-148.

[19] 曹庆雷，李小兰. 前沿科技与体育［J］. 山东体育科技，2004，26（1）：37-38.

[20] 董传升. "科技奥运"的困境与消解［M］. 沈阳：东北大学出版社，2004：15.